書聲千載

新昌鼓山书院历史文化陈列展特辑

张斯鸿 编著

中国书店

编委会

序

新昌，古称剡东，风光旖旎，人文厚重。有宋一代，正气浩然的“浙东右族”——新昌石氏创办鼓山书院，延请程颢、朱熹、张即之、叶适等名师大儒前来讲学、执教，使新昌学子有了接触全国最先进文化的机会，为新昌乃至全国培养了一大批人才。两宋时期，新昌出了5名状元、141名进士，鼓山书院当居首功。

为新昌的古代教育以及人才培养做出巨大贡献的鼓山书院，开启了新昌儒学文化鼎盛之先河，体现了一种颇有中国特色的教育机制，是新昌第三个文化高峰——宋代儒风鼎盛的有力物证。其创办者石氏家族刚直不阿，弹劾蔡京、秦桧；崇文重教，建新昌第一所义塾，创新昌第一座书院，为当今新昌精神之渊源。这座绍兴地区现存规模最大的书院对弘扬新昌教育文化、倡导优良学风、传承新昌廉政文化、建设清廉新昌均具有重要的积极作用，是新昌人民弥足珍贵的文化遗产。2011年，鼓山书院被列为省级文物保护单位。

为有效保护和利用这一珍贵遗产，实现文物活态化，2016年开始，我县陆续投入资金1200多万元，按“最少干预、修旧如旧、可逆”的原则，历时三年，对书院进行了修复，并由新昌县博物馆策划、布置了“书声千载——鼓山书院历史文化陈列展”，借助古书院特有的历史厚重感与文化背景，深度展示新昌儒学文化与教育文化，令蒙尘宝珠重焕光彩。

展览以“不破坏、少干预”的布展理念，深度挖掘建筑文化背景，利用藏书楼、讲座、学舍等主要建筑以及建筑围合而成的庭院空间，通过互通的廊轩、连廊等科学合理地设置展线，使展陈与建筑高度融合、相得益彰。同时，其以实物为依托的布展和科学真实的图文，使历史感的呼唤和震撼扑面而来，令人沉浸。

自2019年11月免费开放至今，该展已接待观众数万人次，既令全县人民特别是中小学生充分感受了家乡厚重的人文底蕴，也有效展示和发扬了崇文守正的新昌精神，更使“近市远嚣”的千年书院成为新昌古老而又崭新的重要文化地标。

书声千载，文脉不绝，让我们在这场展览中致敬先贤、传承基因、弘扬文化，共同推进文化新昌建设！

中共新昌县委书记 李宁

2021年4月8日

前　言

新昌，浙东名邑，人文圣地，文化的传承影响持久而深远。

魏晋南北朝时，众多高僧、名士在此寄情山水、遁世隐居，著名的“江南第一大佛”就开创于这一时期。这里亦是我国古代山水诗、山水画发祥地，以李白、杜甫为首的诸多诗人乘兴而来，踏歌而行，形成了著名的“唐诗之路”。

宋时兴办书院，新昌读书之风大盛，名儒辈出，鼓山书院功得其半。

鼓山书院为新昌第一所书院，初为石溪义塾，是著名学者石文渥、石待旦父子于宋咸平二年（999）创办，亦是绍兴府举办义塾之始。宋嘉祐初，石亚之筑室读书于鼓山，称“石鼓书堂”。后石整讲学于此。书院曾延请程颢、朱熹等名儒大师讲学，为新昌培育了大批人才，倡导了很好的学风。尊师重教、耕读传家的风气在新昌相延成习，宗族办学和社会助学之风久盛不衰。

目录

鼓山书院全景图

東福地

壹 剡东福地

新昌，古称剡东，素有“东南眉目”之称。此地，千岩竞秀，万壑争流，山有天姥沃洲之胜，水有剡溪水濂之奇。自东晋以来，众多高僧、名士在此寄情山水、遁世隐居，成就其独具特色、大放异彩的地域文化。宋代以后，新昌儒学昌盛，耕读传家，名公巨卿接踵而出。诚如旧志所言，新昌“山川秀丽而土物清奇，风俗淳庞而人才杰特”。

沃洲胜会

晋世有竺潜、支遁等十八高僧和王羲之、戴逵等十八名士游憩、栖隐于沃洲，与当时的会稽山阴兰亭修禊同属中国文化史上风流韵事。唐代杜甫、李白等众多诗人相继入剡漫游，形成“唐诗之路”的文化奇观。缁衣羽客，修道养生，传经说法；骚人墨客，寄情山水，诗文唱和。史不绝书，堪称“沃洲胜会”。

展厅实景图

仙源道踪
唐诗之路

群贤毕至

“夫有非常之境，然后有非常之人栖焉。”魏晋时代的士大夫好山乐水，崇尚自然。新昌的灵山秀水，吸引大批南来名流高士流连忘返其间。唐代白居易作《沃洲山禅院记》，第一次系统地记录了六朝剡地十八高僧及戴逵、王洽、刘恢、许玄度、殷融、郄超、孙绰、桓彦表、王敬仁、何次道、王文度、谢长霞、袁彦伯、王蒙、卫玠、谢万石、蔡叔子、王羲之十八名士或居或游或止。南宋高似孙作《剡录》，其卷三《先贤传》列名士三十五人。其人其事在正史及《世说新语》《建康实录》等书中可查。

群贤毕至木雕

沃洲山禅院记

唐·白居易《白氏长庆集》

明万历三十四年松江马元调鱼乐轩刊本

沃洲山在剡县南三十里，禅院在沃洲山之阳，天姥岑之阴。南对天台，而华顶、赤城列焉；北对四明，而金庭、石鼓介焉；西北有支遁岭，而养马坡、放鹤峰次焉；东南有石桥溪，溪出天台石桥，因名焉。其余卑岩小泉，如子孙之从父母者，不可胜数。东南山水，越为首，剡为面，沃洲、天姥为眉目。夫有非常之境，然后有非常之人栖焉。晋宋以来，因山洞开，厥初有罗汉僧西天竺人白道猷居焉，次有高僧竺法潜、支道林居焉，次又有乾、兴、渊、支、遁、开、威、蕴、崇、实、光、识、裴、藏、济、度、逞、印凡十八僧居焉，高士名人有戴逵、王洽、刘恢、许玄度、殷融、郄超、孙绰、桓彦表、王敬仁、何次道、王文度、谢长霞、袁彦伯、王蒙、卫玠、谢万石、蔡叔子、王羲之凡十八人，或游焉，或止焉。故道猷诗云：“连峰数千里，修林带平津。茅茨隐不见，鸡鸣知有人。”谢灵运诗云：“瞑投剡中宿，明登天姥岑。高高入云霓，还期安可寻。”盖人与山相得于一时也。自齐至唐，兹山浸荒，灵境寂寥，罕有人游。故词人朱放诗云：“月在沃洲山上，人归剡县江边。”刘长卿诗云：“何人住沃洲。”此皆爱而不到者也。太和二年春，有头陀僧白寂然来游兹山，见道猷、支、竺遗迹，泉石尽在，依依然如归故乡，恋不能去。时浙东廉使元相国闻之，始为卜筑，次廉使陆中丞知之，助其缮完。三年而禅院成，五年而佛事立。正殿若干间，斋堂若干间，僧舍若干间。夏腊之僧，岁不下八九十，安居游观之外，日与寂然讨论心要，振起禅风，白黑之徒，附而化者甚众。嗟乎！支、竺殁而佛声寝，灵山废而法不作，后数百岁而寂然继之，岂非时有待而化有缘耶？六年夏，寂然遣门徒僧常贽自剡抵洛，持书与图，诣从叔乐天乞为禅院记云。

昔道猷肇开兹山，后寂然嗣兴兹山，今日乐天又垂文兹山，异乎哉沃洲山，与白氏其世有缘乎？

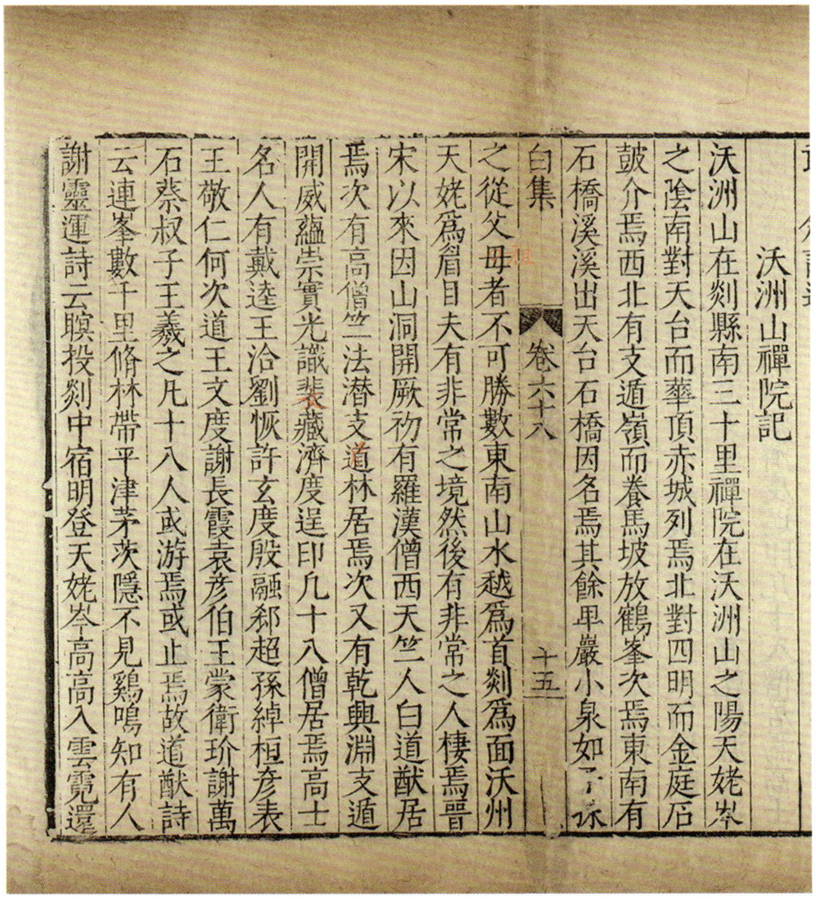
沃洲山禪院記

沃洲山在剡縣南三十里禪院在沃洲山之陽天姥岑之陰南對天台而華頂赤城列焉北對四明而金庭石鼓介焉西北有支遁嶺而養馬坡放鶴峯次焉東南有石橋溪溪出天台石橋因名焉其餘卑巖小泉如子孫

白集 卷六十八 十五

之從父母者不可勝數東南山水越爲首剡爲面沃洲天姥爲眉目夫有非常之境然後有非常之人棲焉晉宋以來因山洞開厥初有羅漢僧西天竺人白道猷居焉次有高僧竺法潛支道林居焉次又有乾興淵支遁開威蘊崇實光識裴藏濟度逞印凡十八僧居焉高士名人有戴逵王洽劉恢許玄度殷融郄超孫綽桓彥表王敬仁何次道王文度謝長霞袁彥伯王蒙衛玠謝萬石蔡叔子王羲之凡十八人或游焉或止焉故道猷詩云連峯數千里脩林帶平津茅茨隱不見鷄鳴知有人謝靈運詩云瞑投剡中宿明登天姥岑高高入雲霓還

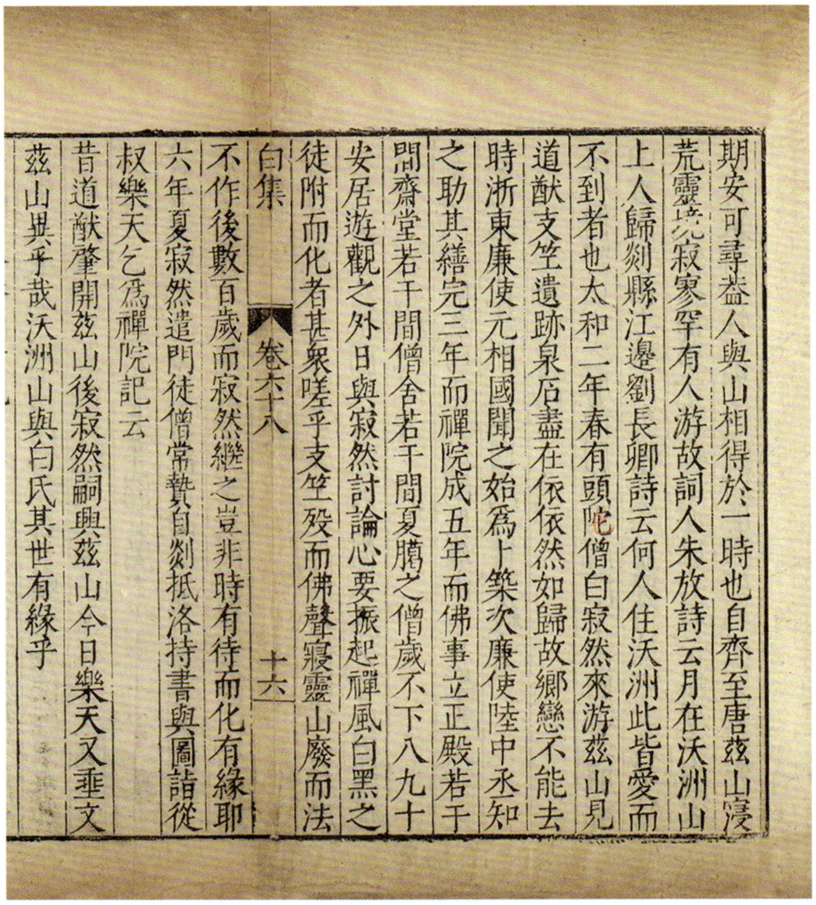
期安可尋蓋人與山相得於一時也自齊至唐茲山浸荒靈境寂寥罕有人游故詞人朱放詩云月在沃洲山上人歸剡縣江邊劉長卿詩云何人住沃洲此皆愛而不到者也太和二年春有頭陀僧白寂然來游茲山見道猷支竺遺跡泉石盡在依依然如歸故鄉戀不能去時浙東廉使元相國聞之始爲卜築次廉使陸中丞知之助其繕完三年而禪院成五年而佛事立正殿若干間齋堂若干間僧舍若干間夏臘之僧歲不下八九十安居遊觀之外日與寂然討論心要振起禪風白黑之徒附而化者甚衆嗟乎支竺殁而佛聲寢靈山廢而法

白集 卷六十八 十六

不作後數百歲而寂然繼之豈非時有待而化有緣耶六年夏寂然遣門徒僧常贄自剡抵洛持書與圖詣從叔樂天乞爲禪院記云

昔道猷肇開茲山後寂然嗣興茲山今日樂天又垂文茲山異乎哉沃洲山與白氏其世有緣乎

支竺遗风

在剡东高僧、名士的集聚中，以玄学为内容的清谈和释家的义理相结合，开启了佛教和中国本土文化相结合的道路，在中国思想文化史上留下了浓墨重彩的一笔。

自西晋始，竺潜、支遁、昙光等高僧相继来剡，佛教大兴。当时六家七宗，剡东独占五宗。梁慧皎撰《高僧传》，剡东入传高僧达二十六人，竺潜、支遁、于法开、于法兰号称“四贤”。支、竺更为当时佛门巨子，晋帝敕请赴都讲演，莫不称善，名动朝野，缁白共钦，长居剡东，形成“支竺遗风”，流韵绵长。

支 遁（约314—366）

晋 “即色宗”创立大师

字道林，河南陈留关氏子，晋“即色宗”创立大师。大师融高僧、名士于一身，投迹剡山，是当时研习“般若学”、创设“六家七宗”的领军人物之一，亦是佛教中国化的奠基人之一。《高僧传》卷第四设“晋剡中沃州山支遁”条目，尊其为义解高僧正传大德。

竺 潜（286—374）

晋 “本无异宗”创立大师

又名竺道潜，字法深，俗姓王，山东琅琊（今山东临沂）人，晋“本无异宗”创立大师。大师曾讲学于皇宫之中，后隐居剡东岇山，常讲经说法与沃州、石城等地，大佛寺“支竺遗风”源出于此。《高僧传》卷第四设“晋剡东岇山竺道潜”条目，尊其为义解高僧正传大德。

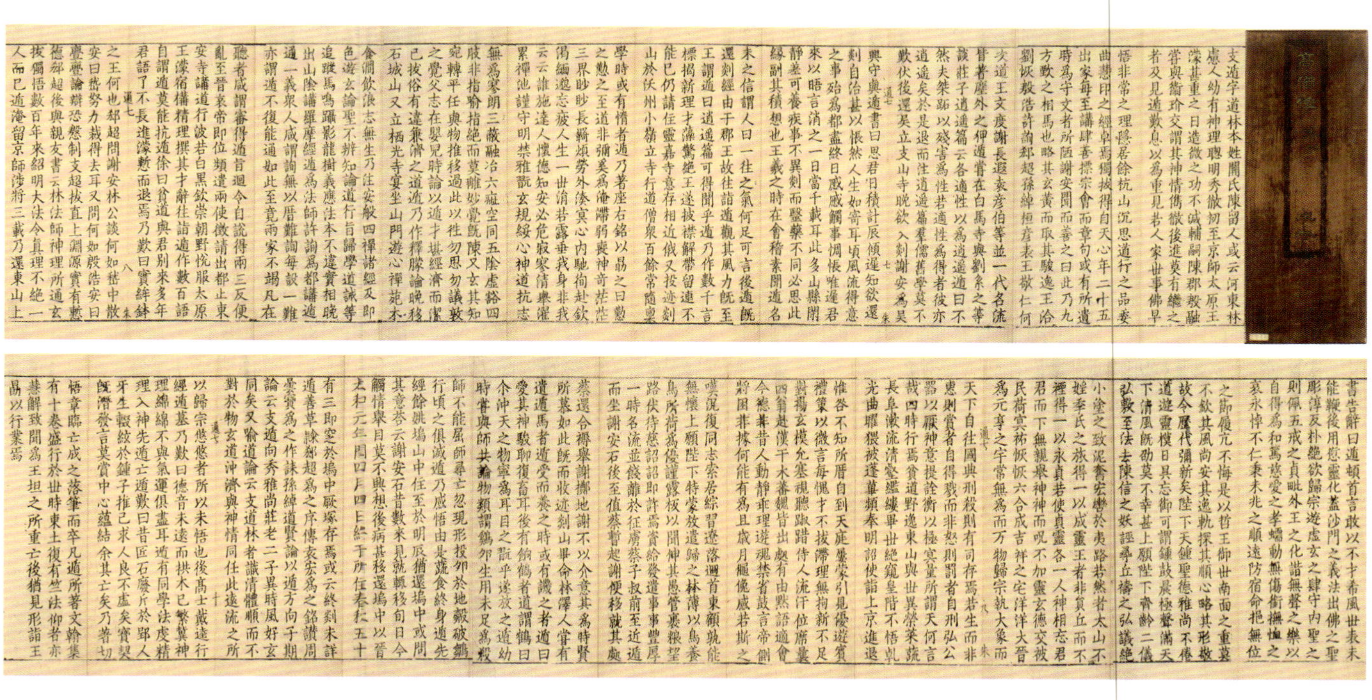

南朝梁 · 慧皎《高僧传》

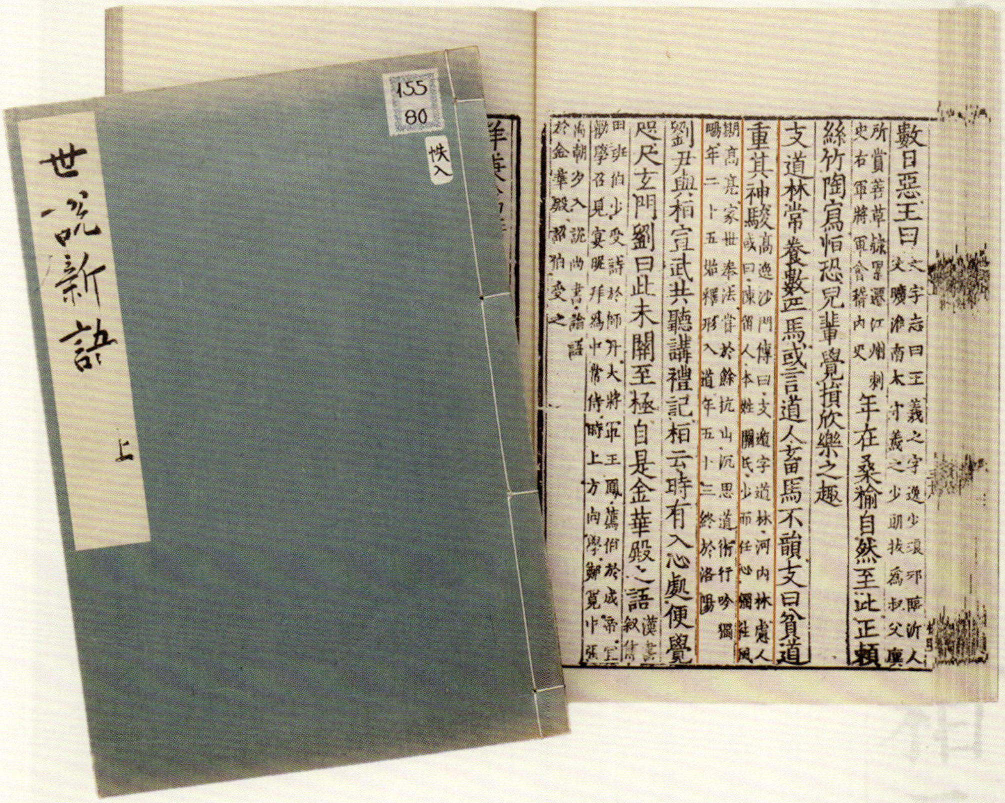

《世说新语》

南朝宋刘义庆等著
1929年尊经阁景南宋绍兴八年刻本

韩干《神骏图卷》

唐（618—709）
纵27.5厘米，横122厘米
辽宁省博物馆藏

据文献记载，支遁好养马而不乘，有人讥笑他，他却说："贫僧爱其神骏"，其中所谓的"爱其神骏"就是欣赏马的那种豪俊爽朗的神气。此画就是取材于《世说新语》中支遁在剡东沃洲养马的故事。今新昌沃洲尚留有放鹤峰、养马坡、支遁岭遗迹。

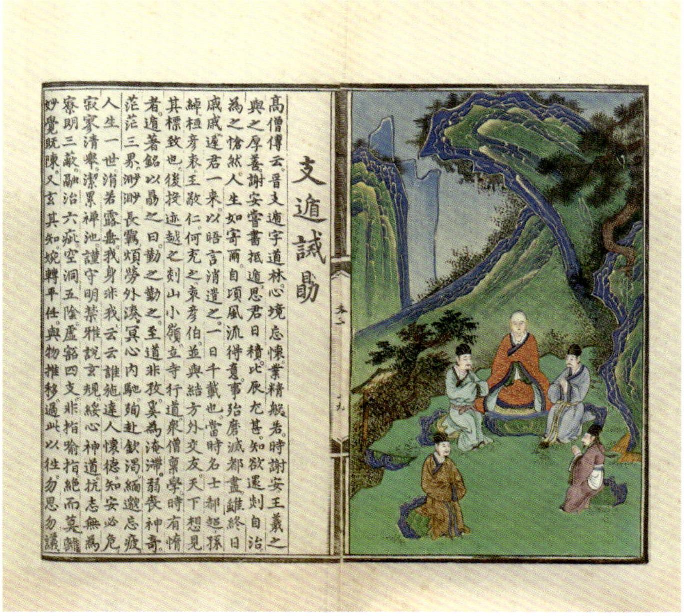

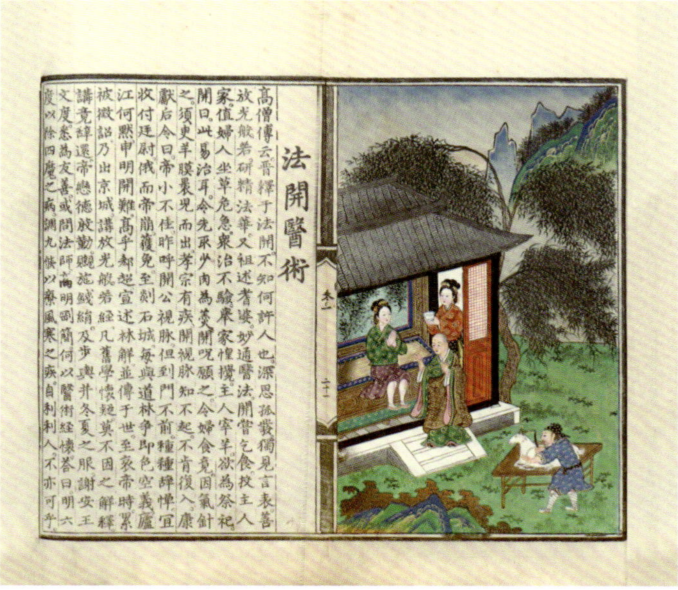

释氏源流应化事迹

明成化时期内府刊本

此《释氏源流应化事迹》根据报恩寺沙门释宝成《释迦如来应化录》改编而成。全书共四卷，有彩绘四百多页，主要叙述释迦如来生平故事以及佛教在印度和中国的传播史，相当于一部图说佛教简史。此书中所载《支遁诫勖》《法开医术》《昙猷度蟒》等故事都发生在新昌，至今仍广为流传。

高僧傳云。晋支遁字道林。心境忘懷。業精般若。時謝安。王羲之與之厚善。謝安嘗書抵遁。思君日積。比辰尤甚。知欲還剡自治。爲之愴然。人生如寄爾。自頃風流得意事。殆磨滅都盡。雖終日戚戚。遲君一來。以晤言消遣之。一日千載也。當時名士郗超。孫綽。桓彥表。王敬仁。何充之。袁彥伯。並與結方外交友。天下想見其標致也。後投迹越之剡山小嶺。立寺行道。衆僧稟學。時有惰者。遁著銘以勗之曰。勤之勤之。至道非孜。奚爲淹滯。弱喪神奇。茫茫三界。渺渺長羈。煩勞外湊。冥心内馳。殉赴欽渴。緬邈忘疲。人生一世。消若露垂。我身非我。云云誰施。達人懷德。知安必危。寂寥清舉。濯累禪池。謹守明禁。雅說玄規。綏心神道。抗志無爲。寮朗三蔽。融冶六疵。空洞五陰。虚豁四支。非指喻指。絕而莫離。妙覺既陳。又玄其知。婉轉平任。與物推移。過此以往。勿思勿議。

支遁诫勖

齐梁造像

新昌弥勒大佛，始凿于齐永明四年（486），于梁天监十五年（516）凿成，历时三十年。大佛集三僧之功，僧护发愿开凿，僧淑继之，僧祐完工，故称“三生圣迹”。佛像身高14.05米，结跏趺坐，螺发肉髻，秀骨清像，婉雅俊逸。造像年代早于龙门，于云冈相仿。南朝梁代著名文学理论家《文心雕龙》作者刘勰赞其“命世之壮观，旷代之鸿作”。新昌大佛（即石城山大佛）的建造和落成，是剡东佛教兴盛的标志。

南朝梁・刘勰撰《梁建安王造剡山石城寺石像碑》

南朝 · 刘勰撰《梁建安王造剡山石城寺石像碑》

夫道源虚寂，冥机通其感，神理幽深，玄匠思其契。是以四海将宁，先集威凤之宝；九河方导，已致应龙之书。况种智圆照，等觉遍知，扬万方于大千，摛亿形于法界。当其灵起摄诱之权，影现游戏之力，可胜言哉！自优昙发华，而金姿诞应，娑罗变叶，而塔像代兴。月喻论其迹隐；镜譬辨其常照。所以刻香望烟而目移，画木趣井而悬峙；金刚泛海而遴集，石仪浮沪以遥渡。并造由人功，而瑞表神力。形器之妙，犹或至此；法身之极，庸讵可思！

观夫石城初立，灵证发于草创；弥勒建像，圣验显乎镌刻。原始要终，莫非祯瑞。剡山峻绝，竞爽嵩华。涧崖烛银，岫巘蕴玉。故六通之圣地，八辈之奥宇。始有昙光比丘，雅修远离，与晋世于兰，同时并学；兰以慧解驰声，光以禅味消影。历游岩壑，晚届剡山，遇见石室，班荆宴坐，始有雕虎造前，次有丹蟒依足，各受三皈，兹即引去。后见山祇盛饰，造带訏谈，光说以苦谛，神奉以崖窟，遂结伽蓝，是名隐岳。后兰公创寺，号曰元化。兹密迩石城，而拱木高阻，伯鸾所未窥，子平所不值，似石桥之天断，犹桃源之地绝。荒茫以来，莫测年代；金刚欲基，斯路自启。野人伐木，始通山蹊，翦棘艺麻，忽闻空响：此是佛地，不可种植。心悟神封，震惊而止。又光公禅室，身属东岩，常闻弦管，韵动霄汉，流五结之妙声，凝九奏之清响，由是兹山，号为天乐。

至齐永明四年（486），有僧护比丘，刻意苦节，戒品严净，进力坚猛，来憩隐岳，游观石城。见其南骈两峰，北叠峻崿，东竦圆岑，西引斜岭。四嶂相衔，郁如鹫岳；曲涧微转，涣若龙池。加以削成青壁，当于前巘，天诱其衷，神启其虑，心画目准，愿造弥勒，敬拟千尺，故坐形十丈。于是擎炉振铎，四众爰始胥宇，命曰石城。遂辅车两寺，鼎足而处。克勤心力，允集劝助，疏凿积年，仅成面璞。此外则硕树朦胧，巨藤交梗。后原燎及岗，林焚见石，有自然相光，正环像上，两际圆满，高焰峰锐，势超匠楷，功逾琢磨，法俗咸竦心惊，观佥曰冥造，非今朝也。自护公神迁，事异人谢；有僧淑比丘，纂修厥绪，虽劬劳招奖，夙夜匪懈，而运属齐末，资力莫由，千里废其积跬，百仞亏其覆篑。

暨我大梁受历，道铸域中，秉玉衡而齐七政，协金轮而教十善。地平天成，礼被乐洽。瞻行衢而交让，巡比屋其可封，慈化穆以风动，慧教涣以景烛，般若炽于香城，表刹严于净土。希有之瑞，旦夕鳞集，难值之宝，岁时辐凑。镇南将军江州刺史建安王，道性自凝，神理独照，动容立礼，发言成德，英风峻于间平，茂绩盛乎鲁卫。自皇运惟新，宣力邦国，初镇樊沔，迁牧派江。酌宝树声，鞅掌于民政；率典颁职，密勿于官府。炎凉舛和，爰动劳热。寝味贬常，兴居睽豫。仁深祚远，德满庆钟。乘兹久祷之福，将致勿药之喜。所以休正元会，妙应旁通。

有始丰县令吴郡陆咸，以天监六年（507）十月二十二日罢邑旋国，夕宿剡溪，值风雨晦冥，惊湍奔壮，中夜震惕，假寝危坐；忽梦沙门三人，乘流告曰：君识性坚正，自然安稳，建安王感患未痊，由于微障；剡县僧护造弥勒石像，若能成就，必获康复；冥理非虚，宜相开导。咸还都经年，稍忘前梦。后出门遇僧，云听讲寄宿，因言：去岁剡溪风雨之夜，嘱建安王事，犹忆此否？咸当时怃然，答以不忆。道人笑曰：但更思之。仍即辞去，不肯留止。心悟非凡，倒屣谘访，而慢色颇形，诡辞难领，拂衣高逝，直去靡回。百步追及，忽然不见，咸霍而意解，且忆前梦，乃剡溪所见第三人也。再显灵机，重发神证，缘感昭灼，遂用腾启。君王智境邈群，法忍超绝。迈优昙之至心，逾波斯之建善。餐瑞言于群圣，膺福履于大觉，倍增恳到，会益喜舍。乃开藏写贝，倾邸散金，装严法身，誓取妙极。以定林上寺祐律师，德炽释门，名盖净众，虚心宏道，忘己济物，加以贞鉴特达，研虑精深，乃延请东行。凭委经始，爰至启敕，专任像事。

律师应法若流，宣化如渴。扬船浙水，驰锡禹山。于是扪虚梯汉，构立栈道，状奇肱之飞车，类仙腹之悬阁。高张图范，冠彩虹霓；椎凿响于霞上，剖石洒乎云表。命世之壮观，旷代之鸿作也。初，护公所镌，失在浮浅，乃铲入五丈，改造顶髻。事虽因旧，功实创新。及岩窟既通，律师重履，方精成像躯，妙量尺度；时寺僧慧逞，梦黑衣大神，翼从风雨，立于龛侧，商略分数。是夜将旦，大风果起，拔木十围，压坏匠屋，师役数十，安寝无伤。比及诘朝，而律师已至。灵应之奇，类皆如此。既而谋猷四八之相，斟酌八十之好，虽罗汉之三观兜率，梵摩之再觇法身，无以加也。寻岩壁缜密，表里一体，同影岫之缥章，均帝石之聪色，内无寸隙，外靡纤瑕。雕刻石掌，忽然横绝，改断下分，始合折中。方知自断之异，神匠所裁也。及身相克成，莹拭已定，当胸卍字，信宿隆起，色似飞丹，圆如直壁，感通之妙，孰可思议。天工人巧，幽显符合。故光启宝仪，发挥胜相，磨砻之术既极，绘事之艺方聘。弃俗图于史皇，追法画于波塞，青雘与丹砂竞彩，白鋈共紫铣争耀；从容满月之色，赫奕聚日之辉。至于顶礼叩虔，磬折肃望，如须弥之临大海，梵宫之跱上天。说法视笑，似不违于咫尺；动地放光，若将发于俄顷。可使曼陀逆风而献芬，旃檀随云而散馥。梵王四鹄，徘徊而不去；帝释千马，踯躅而忘归矣。

初，隐岳未开，野绝人径，及光公驯虎，时方雨雪，导迹污涂，始通西路。又东岩盘郁，千里联嶂，有石牛届止，至自始丰；因其蹄涔，遂启东道。寻石牛通险，不资蜀丁之力；文虎标径，无待汉守之威。岂四天驱道，为像拓境者欤？以大梁天监十有二年（513），岁次鹑尾，二月十二日开凿爰始，到十有五年（516），龙集涒滩，三月十五日妆画云毕。像身坐高五丈，若立形，足至顶十丈，圆光四丈，座轮一丈五尺，从地随龛，光焰通高十丈。自涅槃以后一百余年，摩竭提国始制石像，阿育轮王善容罗汉，检其所造，各止丈六。鸿姿巨相，兴我皇时，自非君王愿力之至，如来道应之深，岂能成不世之宝，建无等之业哉。窃惟慈氏鼎来，拯斯忍刹，惟我圣运，福慧相符。固知翅城合契于今晨，龙华匪隔于来世。四藏宝奇，可蹻足而蹴；三会甘露，可洗心而待。睿王妙庆，现圣果于极乐，十方翻动，蒙法缘而等度矣。思柱石于天梯，想灵碑于地塔；树兹绀碣，铭为胜幢，金刚既共比坚，铁围可与共久。

式奉偈赞，仍作颂曰：法身靡靡，觉号惟忆，百非绝名，万行焉测。群萌殊感，圣应分极。释尊隐化，慈氏现力。敻哉结缘，邈矣来际。求名受别，无垢立誓。凝神寂天，降胎忍世。七获厥田，八万伊岁。夷荆沇砾，飞花散宝，夜燎明星，晓漩翠草。一音阐法，三会入道，府岂虚植，缘因人造。曰梁启圣，皇实世雄，绀殿等化，赤泽均风。慈遍群有，智周太空。摄取严净，匡饰域中。英英哲王，德昭圭璧。乐善以居，礼仁是宅。慧动真应，福交瑞迹，仪彼旃檀，像兹宝石。五仞其广，百尺其袤，金颜日辉，绀螺云覆。频果欲言，鹅纲将授，调御谁远，即心可觏。耆阇五峰，兹岳四岭，绿筱织烟，朱桂镂影。泉来石啸，风去岩净，梵释爰集，龙神载骋。至因已树，上果方凝，妙志何取，总驾大乘。愿若有质，虚空弗胜，刹尘斯仰，邈劫永承。

南朝·梁中书舍人刘勰撰文

一九八三年五月姜东舒补书并篆额　屠振权刻石

千佛禅院

千佛禅院在新昌城西南石城山中，俗称千佛岩，以千佛石窟而得名，与大佛寺石弥勒像所在的宝相寺石窟山头相邻，东西相望。

千佛院前身是元化寺。《嘉泰会稽志》载："七宝院，旧元化寺，东晋高僧于法兰建，与石城隐岳鼎足而立。"据新昌县志载，唐会昌五年（845）武宗灭佛，毁千佛院，宋大中祥符间（1008—1016）改名七宝院，明洪武十五年（1382）复名千佛院。宋时寺中有佛塔，宋咸淳九年（1273）新昌县"中乡荐为会稽八邑之魁"，县令谢在杍作题名记，在塔尚题名三十四人。后晋开运三年（946），赵仁爽曾经作过重修，清嘉庆元年（1796），宝相寺僧"顺阳携师及徒移锡千佛院"，十年以后，千佛院兴。清道光十七年（1837）邑令朱元亨有《重建千佛院记》，至今文字尚存。

元化寺是东晋名寺，为高僧于法兰所创。南朝齐永明三年（485）建，分大小两窟，大窟宽17.95米，深10.30米，高约6米；小窟宽6.55米，深4.25米，高约5米。大窟后壁约25平方米面积石壁上，正中凿释迦坐像，该像右侧列千佛六区，左侧列千佛四区，每区纵排10小龛，横列11小龛。每区正中约占9小龛的位置雕一大龛，大龛坐佛两侧，各雕一胁侍。大窟有佛1040尊，小窟有佛35尊。佛像造型纤巧优雅，多着通肩衣，作禅定手印，个别古佛则着褒衣博带式佛装，为国内造佛形式较早一例。大窟千佛高不盈尺，千佛区外侧，雕二躯菩萨立像，立于覆莲园座上，宝缯垂肩，披帛交叉于胸腹之际，仍存南朝造像风格。

千佛禅院内景

仙源道踪

剡东与天台、四明、大盘诸山相接，道教气氛十分浓郁。在道教洞天福地中，本地有四座名山入列。剡东道教神仙传说最早见诸庄子《逍遥游》所载的“任公子钓鳌”故事，任公子钓台即在今新昌南岩山。大诗人李白远游剡中山水后，离剡回舟北上，自称为“钓鳌客李白”。六朝时流传甚广的刘阮遇仙的故事亦属剡人剡事。

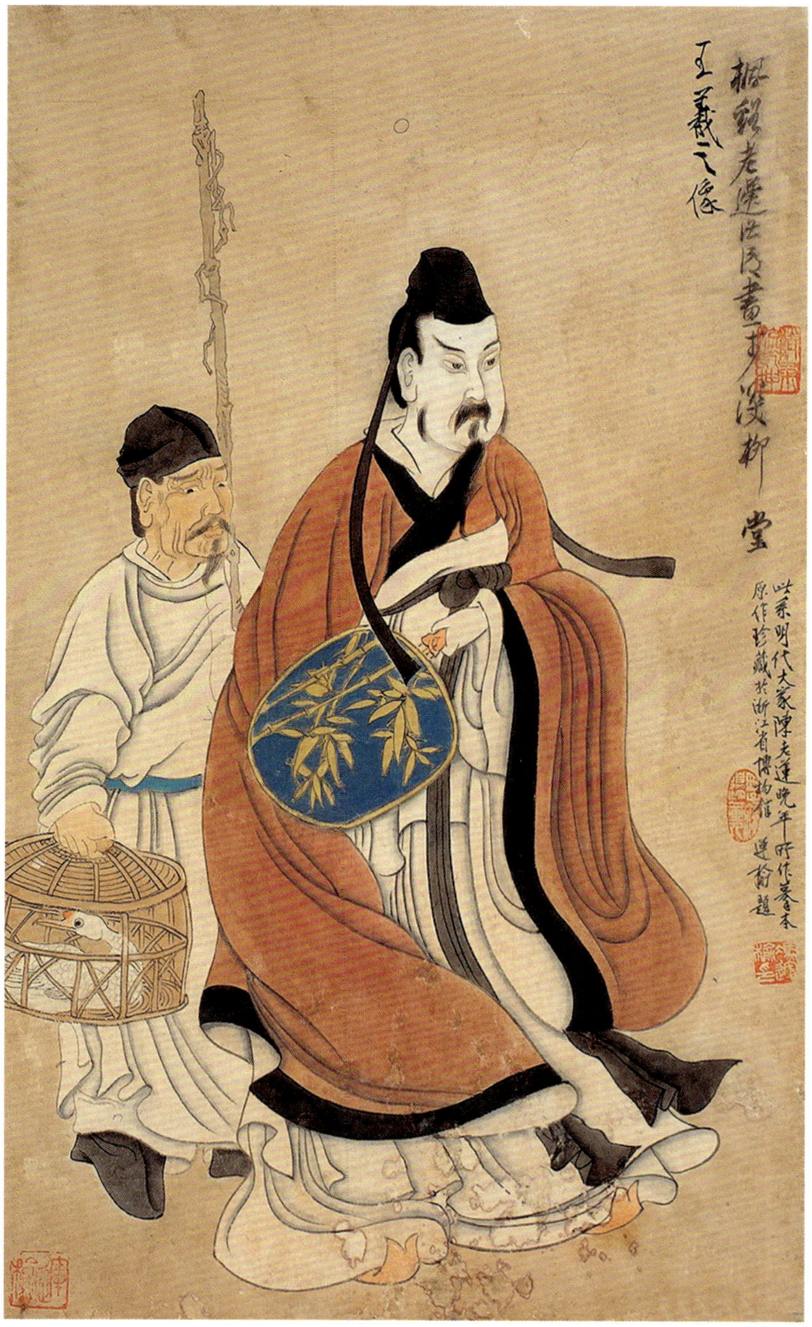

明陈洪绶《羲之笼鹅图轴》摹本

王羲之（303—361）

字逸少，琅琊临沂（今山东临沂）人，后迁会稽山阴，官至右将军。东晋书法家，有“书圣”之称，代表作《兰亭序》被誉为“天下第一行书”。在书法史上，他与其子王献之合称为“二王”。

出身王谢世家的王羲之，自幼即深受道教天师道的深刻影响。晚年栖隐剡东，“栖心绝谷，修黄老之术”。新昌鼓山紫芝庵就是他晚年隐逸修道的处所之一。

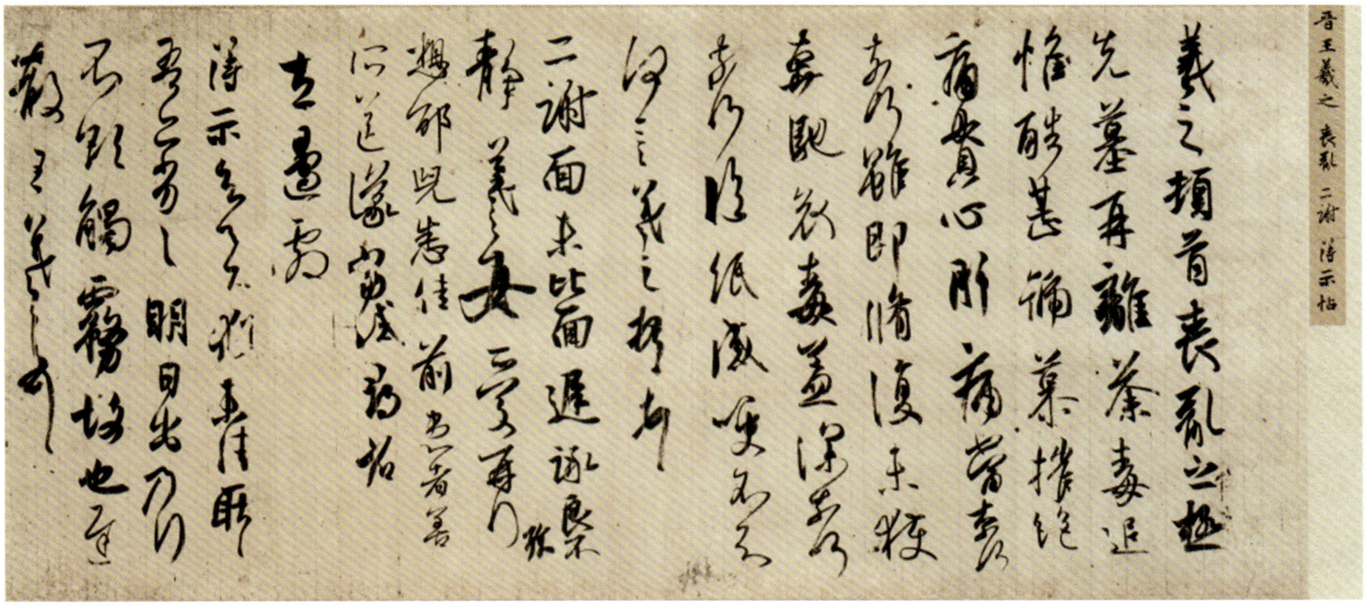

王羲之《丧乱帖》

东晋（317—420）
纵28.7厘米，横63厘米
日本宫内厅三之丸尚藏馆藏

王羲之晚年隐居剡中，于东晋永和十一年（355）辞官誓墓，携子徙居剡东金庭桐柏山，在南明鼓山炼丹修道，与许洵、支遁等十八高僧、十八名士遍游剡地山水。东晋升平五年（361），王羲之卒，葬剡东金庭瀑布山。南朝沈约《桐柏山金庭馆碑记》、隋尚杲《瀑布山展墓记》、唐裴通《金庭观晋右军书楼墨池记》、唐路应《唐越州剡县王右军祠堂记》等文献对王羲之晚年入剡均有记载。因而王羲之作“寓贤”载入新昌历代县志，以志纪念。

王羲之在书法界历代尊称为“书圣”，然而王羲之青年时代的书法并不特出，至暮年才美妙绝伦，正如前人所说的：“右军书法晚乃善，庾信文章老更成。”中外书法界公认的《丧乱帖》就是王羲之晚年书法的经典，据学者考证，此帖是王羲之永和十一年（335）誓官入剡后书写的尺牍墨迹，其创作地正是剡中无疑，之后还有一批墨迹也被认定为王羲之晚年在剡所书的尺牍，如《十七帖》《初月帖》《寒切帖》《衰老帖》《鹘等帖》《二孙女帖》《追寻伤悼帖》《得示帖》《姨母帖》等等。“寓贤”王羲之众多珍贵墨迹与剡地有缘，应是剡东文史研究的又一大发现。

——节选自徐跃龙《晋代书圣王羲之晚年入剡书迹浅识》

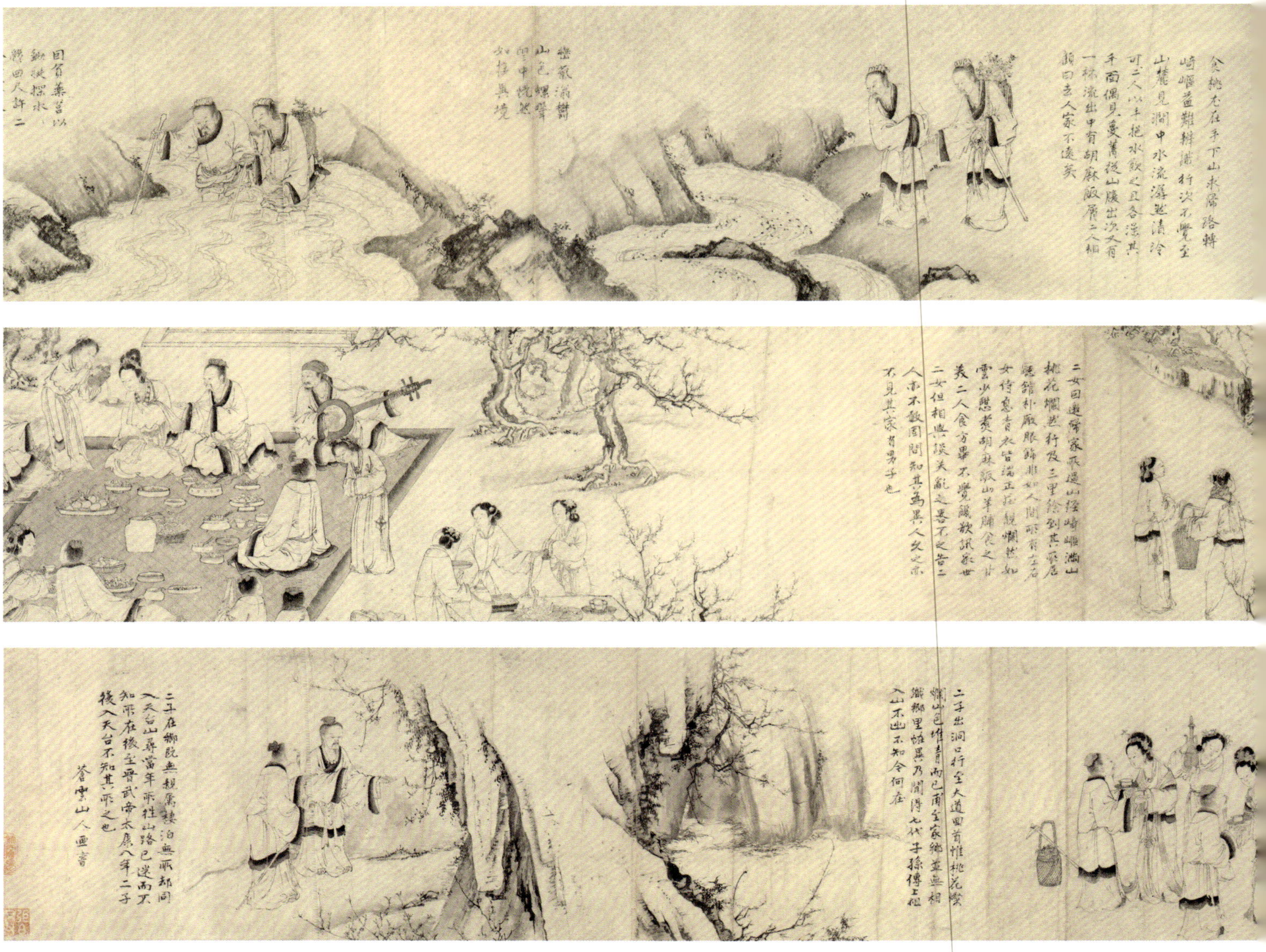

赵苍云《刘阮遇仙图卷》

元（1271—1368）
纵22.5厘米，横561.34厘米
美国大都会艺术博物馆藏

东汉永平年间，剡人刘晨、阮肇入山采药，迷路遇仙，结为夫妻。二人思乡返家，物是人非，已过七世，复重觅仙踪，然无迹可寻，在溪边徘徊良久，惆怅不已。这段美丽的仙凡爱情故事载于《幽明录》，六朝时流传甚广。新昌刘门山即为故事发生地，今犹存刘阮庙、采药径、惆怅溪、迎仙桥等文化遗迹。

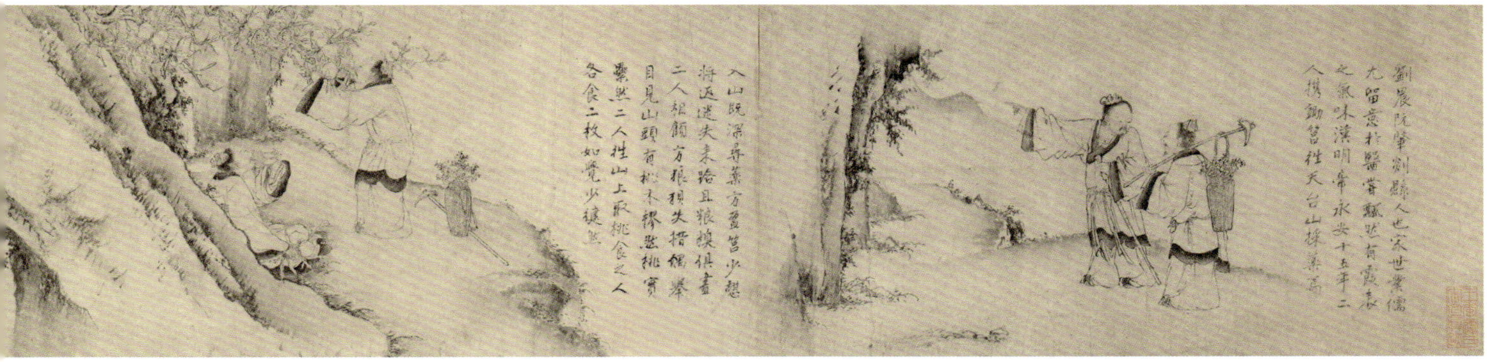

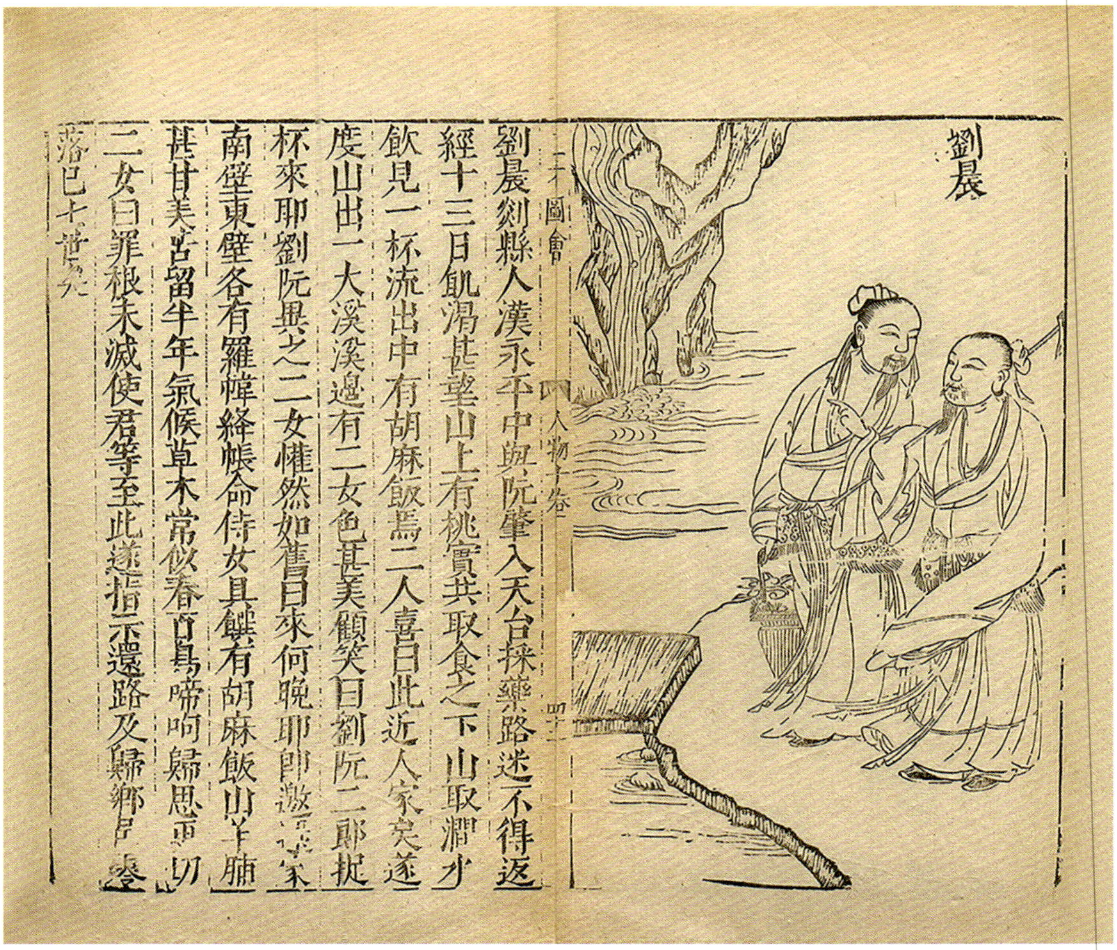

刘晨木刻画像

王圻、王思义《三才图会》
明万历三十七年（1609）

《三才图会》又名《三才图说》，是由明文献学家、藏书家王圻及其子王思义撰写的百科式图录类书。此书完成于明万历三十五年（1607），刊刻于明代万历三十七年（1609）。共106卷，分十四类：天文、地理、人物、时令、宫室、器用、身体、文史、人事、仪器、珍宝、衣服、鸟兽、草木。此本为明万历三十七年（1609）原刊本。

越窑青瓷水盂

东晋（317—420）
高4厘米，口径4.2厘米，腹径7.3厘米，底径4.4厘米
1976年8月新昌县羽林街道大联村云居寺东晋大兴三年（320）墓出土
新昌博物馆藏

文房用品。平口，圆唇，扁鼓腹，假圈足向外微撇，平底。口沿饰双弦纹，肩腹饰斜网格纹。通体施釉，釉色青灰。胎质较细，灰白色。

青瓷辟雍砚

南朝（420—589）
高5.6厘米，砚台直径16.3厘米，笔插长6厘米、宽4厘米
新昌博物馆藏

文房用品。直口，圆唇，砚面圆形，居中凸起，周有凹槽，下部以蹄足承托，足部饰有弦纹和菱格纹，一侧置两圆孔笔插，造型独特。外壁施青釉，砚面露胎。

越窑青瓷三足砚

晋（265—420）
高4.3厘米，直径10.7厘米，底径10.9厘米
新昌博物馆藏

文房用品。圆形，直口，斜壁，平底。底部外缘连等距三兽足。釉色青灰，砚面露胎呈浅褐色，中间有支烧痕迹。

越窑青瓷三足砚

晋（265—420）
高4厘米，直径18厘米，底径19.5厘米
新昌博物馆藏

文房用品。圆形，直口，平底。底部置等距三蹄足。外施青釉，砚面无釉，露灰胎，有泥点支烧痕迹。

墨

东晋（317—420）
最大的长4厘米，宽2厘米，厚1.4厘米
1978年3月新昌县羽林街道大联村大岙底东晋太元十八年（393）墓出土
新昌博物馆藏

文房用品。已碎裂成多块不规则形状。根据新昌文物志记：出土时形如锄，圆头方口，上有几何纹。

唐诗之路

剡东胜景，山水奇绝，上接台云，下临剡曲，人在仙源，几忘世纪。至唐代，李白、杜甫等众多诗人，上溯剡溪，追慕先贤，吟诗感怀，翩翩而至，踏出了一条“浙东唐诗之路”。他们自钱塘至剡中，或壮游、或神游、或宦游、或遁游，一路留下千余首不朽诗篇，成就了一条飘逸翰墨清香的山水走廊。

《浙东唐诗之路——唐诗之路唐诗总集》书影

“唐诗之路”最早是由浙江新昌（古剡县东部地区）当地学者竺岳兵于1990年在南京举行的中国唐代文学学会第五届年会暨国际学术讨论会中提出来的，他还提出了设立唐诗之路研究社的构想，有23位与会学者联名签名予以肯定和支持。1991年5月，在南京师范大学和中华书局联合主办的“中国首届唐宋诗词国际学术研讨会”上，他向会议提交了《剡溪——唐诗之路》论文，立即受到学术界的重视。在多次学术会议论证基础上，中国唐代文学学会专门在浙江新昌县举行了“唐诗之路学术讨论会”，肯定了“唐诗之路”的学术价值、遗产价值和现实意义，中国唐代文学学会正式行文命名了“浙东唐诗之路”。此后，在新昌多次举行了以研讨“浙东唐诗之路”为重点的学术会议，浙东深厚的人文底蕴得到了国内外知名学者的肯定和赞许，也获得了进一步的挖掘开发。学者们已形成一个共识：浙东唐诗之路可与河西丝绸之路并列，同为有唐一代极具人文景观特色、深含历史开创意义的区域文化。

——节选自傅璇琮《走出唐诗的“唐诗之路”》

《唐诗之路》路线图

“唐诗之路”指的是晋唐以来文人墨客往来剡东、对唐诗发展有着重大影响的一条山水人文旅游线路。古人自钱塘江入绍兴古镜湖，而后由浙东运河、曹娥江至剡溪，再溯源至石梁而登天台山，这是贯穿于浙江东部的一条古道，剡溪为这条古道的精华地段。由于会稽、天台、四明三座名山在此盘结，山间清流汇聚成溪，风光如画的剡溪在魏晋六朝即成为高士名流隐居遨游的好去处。

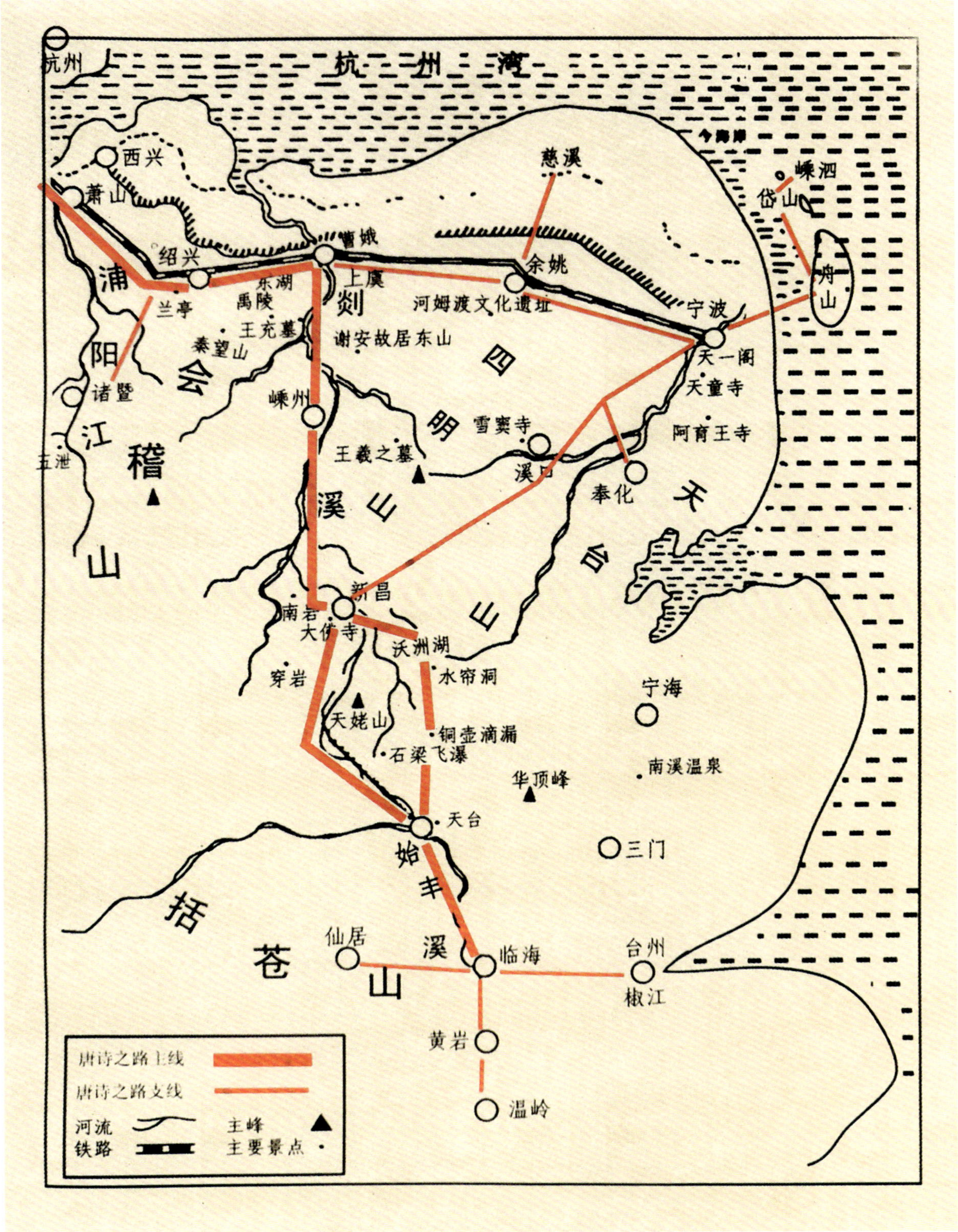

越窑青瓷四足水盂

唐（618—907）
高4.8厘米，口径3.4厘米
新昌博物馆藏

直口，圆唇，丰肩，鼓腹，平底设四足。通体施青釉。

越窑青瓷水盂

唐（618—907）
高4.5厘米，口径3.6厘米，底径5.4厘米
20世纪70年代新昌县七星街道磕下村出土
新昌博物馆藏

扁圆形，敞口，圆唇，短颈，斜肩，鼓腹略垂，平底微内凹。腹呈四瓣瓜形。内外施釉，釉色青黄。

龟形陶砚

唐（618—907）
高4厘米，长12.6厘米，宽8.4厘米
1989年11月新昌县镜岭镇黄泥田村雅庄窑厂出土
新昌博物馆藏

砚台椭圆，形如龟，龟头上翘，四足外撇，后足略高于前足，呈爬行状，无尾。背掏墨池，前部较深，后部较浅，由陶坯雕琢而成。

耕读传家

新昌自古以来就有“未有新昌城，先有南洲丁”的俗语流传。两晋以前，“山深林密，土旷人稀，兵乱罕及”。后经历“永嘉南迁”“安史之乱”“靖康之乱”，中原士族或避难隐居，或出仕落籍，或慕恋山水，在新昌聚族而居，耕读传家。代代相传的祖训家规，体现了新昌崇文重教、忠孝传家、从善守正的独特乡邦文化与人文精神。

展厅实景图

石氏家族

新昌石氏原籍山东青州，为汉代“万石君”石奋后裔，唐代时已迁居到剡东上冈。唐开成二年（837），石奋三十五世孙石元遂由上冈迁居五山乡石牛镇（今新昌县城），石氏在新昌一隅开拓基业，世代繁衍，至今已历一千一百多年。石氏家族创石溪义塾，开绍兴府义塾教育之先河。

新昌姓氏迁入时间

东汉晚期，丁氏最早迁入；西晋末，梁氏迁入；南朝，王氏迁入；隋唐，杨、董、俞、石、黄等族迁入；五代，潘、胡、何、吴、陈、徐等族迁入；宋代，张、袁、朱、唐、吕、章、刘、金、周、娄、柴、任、孙、裘、施等族迁入；元明清时期，赵、甄、贾、求、竺、蒋、魏、李、许、屠等族迁入。

清代《浙江全图》绘本之新昌地图　法国国家图书馆藏

人才辈出

两宋时期的新昌石氏家族可谓是人才辈出，名闻天下，陆游曾夸赞："浙东右族，石氏为大。"据统计，两宋时期石氏擢进士者北宋27人、南宋21人，登乡科者237人，仕宦显要者120余人。其中石待旦、石整、石公辙、石公弼、石公揆、石斗文、石牧之、石延翰、石余亨等，于《两浙名贤录》有传。

石氏大宗祠内有三副对联，分别是明代绍兴知府洪珠、书法家倪元璐及思想家王阳明所撰，均出自名家手笔，集中反映两宋新昌石家光辉业绩。

祖延明道，孙友晦庵，奕世文光凌北斗。
兄劾蔡京，弟弹秦桧，塞天浩气镇中州。

——明代思想家王阳明

同朝十学士，六部五尚书，跻跻冠裳夸右族。
一门三状元，四代九御史，巍巍甲第羡名家。

——明代书法家倪元璐

义塾宏开，造就七十二奇英，陶镕四宰相，德望浙中第一。
儒林丕振，继起五百六进士，中兴三状元，科甲天下无双。

——明代绍兴知府洪珠

吕氏家族

新昌吕氏，南宋初年定居新昌。早期在城厢一至六坊建有大小宗祠四十六处，号称“吕半城”。新昌吕氏一世祖吕亿之父吕由诚早年任温州知府，新昌籍同僚袁姓官员，将女许配吕亿。成婚时，吕由诚转任山东袭庆知府，吕亿未能随行。靖康时，金兵南侵，吕由诚守城不屈，全家死难。吕亿葬父骨于新昌磕山并定居。清代，对修建鼓山书院贡献最大的是吕氏家族。

世代簪缨

宋代（单位：人）	中进士	释褐、特奏进士	武进士	乡科	荐辟
	5	3	1	10	1
明代（单位：人）	中进士	举人	武举人	岁贡	荐辟
	7	17	1	35	8
清代（单位：人）	中进士	举人	武举人	副、拔、恩、岁贡	
	2	21	6	63	

新昌吕氏簪缨继世，代有闻人。吕冲之、吕蒙、吕光洵、吕献、吕童、吕秉南、吕昌、吕不用等《两浙名贤录》有传。另近现代人物有吕型伟、吕济人、吕庆风、吕志涛等。

家训撷英

彩烟杨氏 祖训家规（节选）

习诗书以励文行，古云养不教父之过，衣食足而不知礼义，势将流为下品。凡子孙俊秀，七岁入小学，十五岁入大学，须教以四子五经诸书，上之可以应朝廷考选，下之亦不失为乡党自好者。其有文行兼优出仕荣宗者，本祠给资优奖。

新昌张氏 族规家训（节选）

读书乃起家之本，本族内子孙有能奋志诗书耀祖光宗者，必存书田与之供膳，及其得禄之后，方将原田贮众，毋得设计侵僭。

新昌吴氏 族规家训（节选）

养子最宜延师训诲，毋得溺爱不明以至失学，则子弟顽愚。故曰，学则庶人之子为公卿，不学则公卿之子为庶人。达则兼善天下，穷则独善其身。

姥东徐氏 族规家训（节选）

勤诵读。万品皆下，读书为高。父兄之教不先，子弟之率不谨。故当崇尚师仪，日夜课督，使后生小子有所考德而问业，则器识可纯而身名自显，非云小补。

古剡刘氏 族规家训（节选）

师道为教化之本，隆师重道，正以崇其教也。使不尊崇之，不特教化不行，而且有亵渎之嫌，何得漫言传道。

台宗林氏 族规家训（节选）

家不论贫富，子女不论智愚，第一要读书，读书则能知事理。古人所谓致知格物，正心诚意，修身齐家治国平天下者，个人知为人之理，立业之方，不至为非作歹为社会败类，且可为国家建设效力。

梅溪胡氏 **族规家训（节选）**

读书砥行光前裕后者也，有志之士宜思上进，弗以家计为累从，古豪杰画粥断齑，囊萤映雪，何尝尽出富厚哉。至继以膏油之费，创兴义塾之举，是所望于族中好义者，若中科入泮，花红路费按名给赏，家庙自有定例。

新昌章氏 族规家训（节选）

传家两字曰耕与读，兴家两字曰勤与俭，安家两字曰让与忍，防家两字曰盗与奸，败家两字曰嫖与赌，亡家两字曰暴与凶。治家不可不肃，然过严则疏；待客不可不丰，然过奢则害。

師道薪傳
几度兴衰

贰 师道薪传

宋时兴办私塾、书院，新昌读书之风大盛。宋咸平二年（999），著名学者石文渥、石待旦父子创办石溪义塾，求学者日益增多，“弦诵之声洋洋出林落”。宋天禧年（1017—1021），石待旦创办鼓山书院，即石溪义孰下区——集贤讲道区，聘名师大儒执教，培养大批人才。宋嘉祐初，石亚之读书于此，称石鼓书堂，“讲论经史，寻探义理”，开创读书明志、诗礼传家之风。后石墪讲学于此，发挥孔孟奥义，传播程朱理学，使鼓山书院声名远扬。鼓山书院将当时最先进的学术文化传入新昌，受业者取科第达官有名于时的不可胜记。

石墪传道
石鼓书堂
石亚之

展厅实景图

首开义塾

宋咸平二年（999），著名学者石文渥、石待旦父子于城南石溪村创建石溪义塾。礼明道程夫子为师，躬自设教。寇准、王钦若、董儒还各为书堂作记。“四方之士，不远万里，籯粮笥书，及门而受业者麇至。”（新昌《石氏宗谱》）

生徒中官至侍从及登第者76名；县内中进士者18名，而石氏一门即有12名，石溪义塾声誉日高。后其事迹闻于朝廷，相传特赐“待之景公问宗孝正奕祖”十字作为其子孙辈分命名序列。石溪义塾不仅是新昌县第一家义塾，还是绍兴府举办义塾之始。

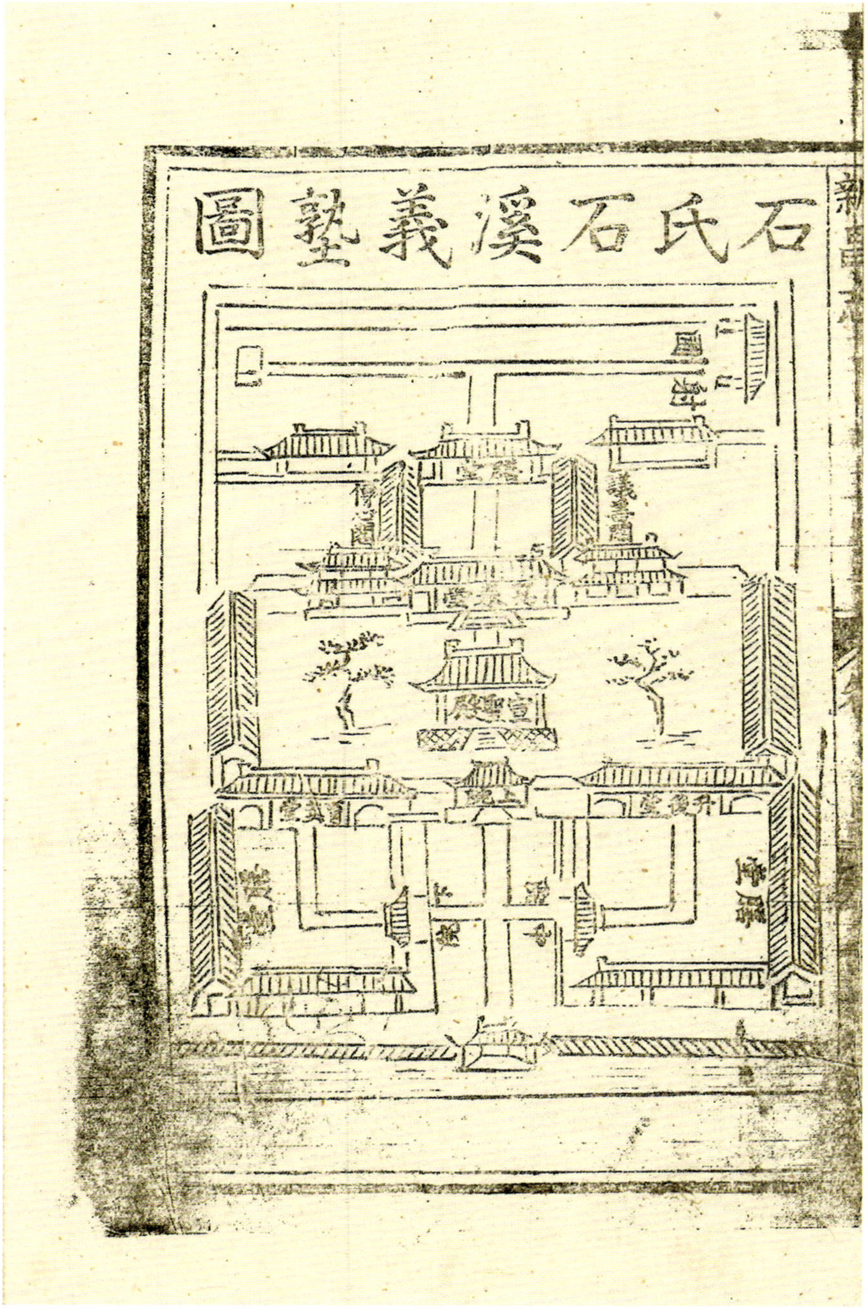

《石溪义塾图》

明成化《新昌县志》插图

石溪义塾辟为三区，号上、中、下书堂，分别题“白云青嶂”“石城半隐”“集贤讲道”额，并建藏书楼于塾，名“万卷堂”，旁置议善阁、传心阁等。现鼓山书院即为当时的“集贤讲道”区。

徐逵《石城公义塾图》

清（1644—1912）

新昌博物馆藏

石待旦（创建并掌教于石溪义塾）

石待旦（985—1042），字季平，号石城，新昌人。天禧三年（1019）进士，官至大理寺评事。北宋著名教育家。

宋咸平二年（999），著名学者石文渥、石待旦父子创石溪义塾，分上中下三区，亲自掌教，各方士子，就学者众，且多学有所成。石待旦弃仕归里后，隐居石溪山水之间，仍以办学为职志，延请各方名师讲学，惠泽一方，县内学风大盛，为新昌最早之教育家。范仲淹任越州知州时，建稽山书院，聘石待旦任稽山书院山长，四方受其业者不可胜计。卒后祀于学宫。

石塈（曾执教于鼓山书院，使书院声誉鹊起）

石塈（1128—1182），字子重，号克斋，新昌人。宋绍兴十五年（1145）进士，官至太常主簿、知南康军，公正廉明，为百姓所爱戴。南宋著名教育家。

石塈天资高迈，研究探讨理学，与朱熹交好，讲明经传宗旨，尽得其精奥，发为著述，简明醇粹，其学为朱熹所推崇。石塈一生，读书、讲学、治学到老不废，晚年自名读书处为“克斋”。著有《周易解》《大学集解》《中庸集解》《克斋文集》等，《中庸集解》经朱熹删定为《中庸辑略》，今存二卷，收入《四库全书》。明嘉靖间，绍兴知府洪珠重建鼓山书院，立石塈像，崇祀而表彰之。

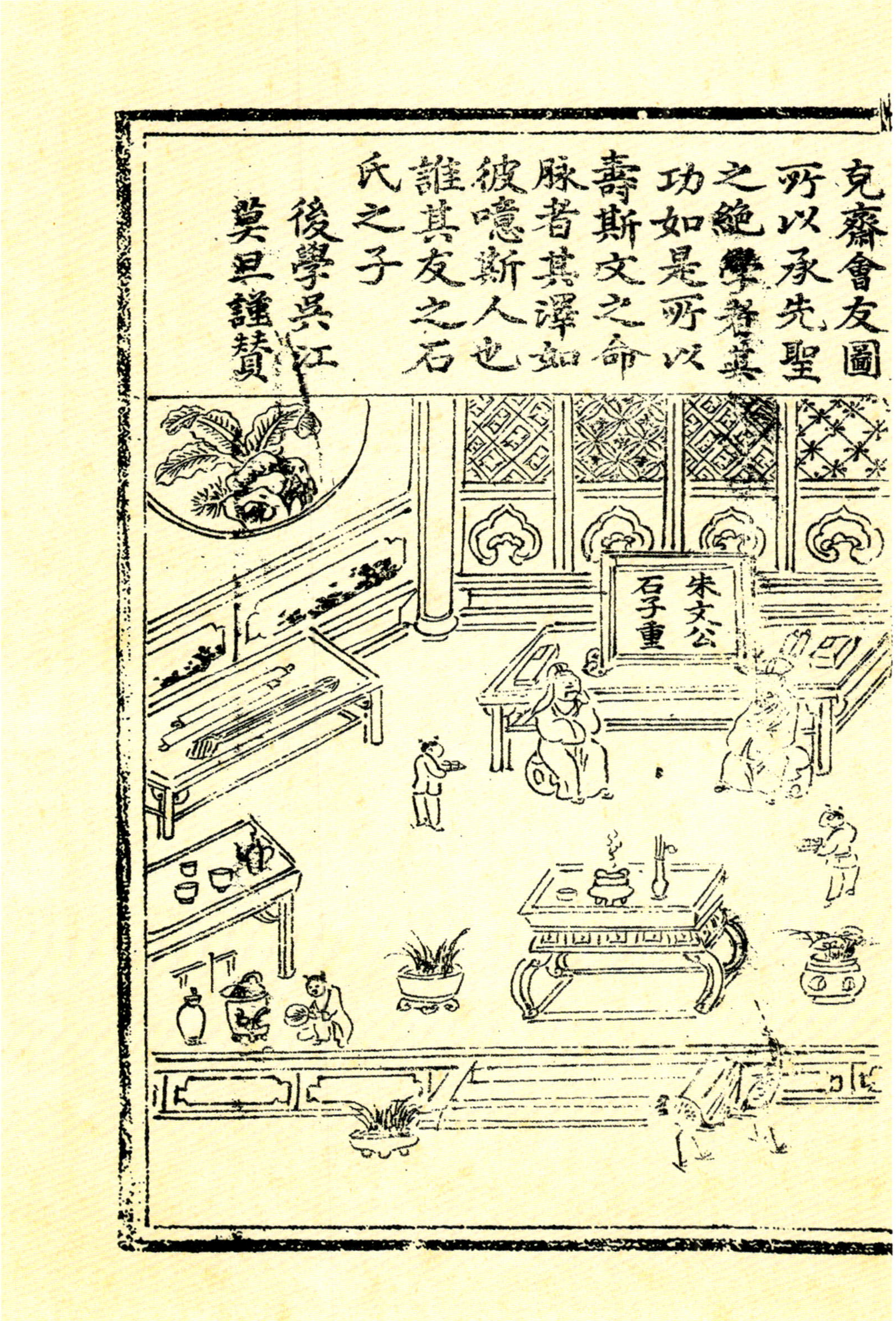

《克斋会友图》

明成化《新昌县志》插图

石𡊮与南宋著名教育家、理学家朱熹思想一致，对理学具有同等深入研究，关系十分密切。朱熹曾数度往来新昌，造访石𡊮之克斋，并受石𡊮之邀，于鼓山书院讲学。

朱熹为石𡊮《中庸集解》作序，并采纳其研究成果入《四书集注》中。朱熹在给石𡊮的信中，赞扬他“论仁之体用甚当，以此意推之，古今圣贤之意历历可见，无一不合”“敬字之说，深契鄙怀。足见比来胸中洒落，如光风霁月气象”，充分肯定其治学成绩。

程颢（1032—1085）

字伯淳，学者称明道先生。北宋哲学家、教育家、诗人，理学的奠基者，“洛学”代表人物。程颢曾和其弟程颐学于周敦颐，世称“二程”。其思想后来为朱熹所继承和发展，世称“程朱学派”。

据志载，程颢曾在石溪义塾执教。

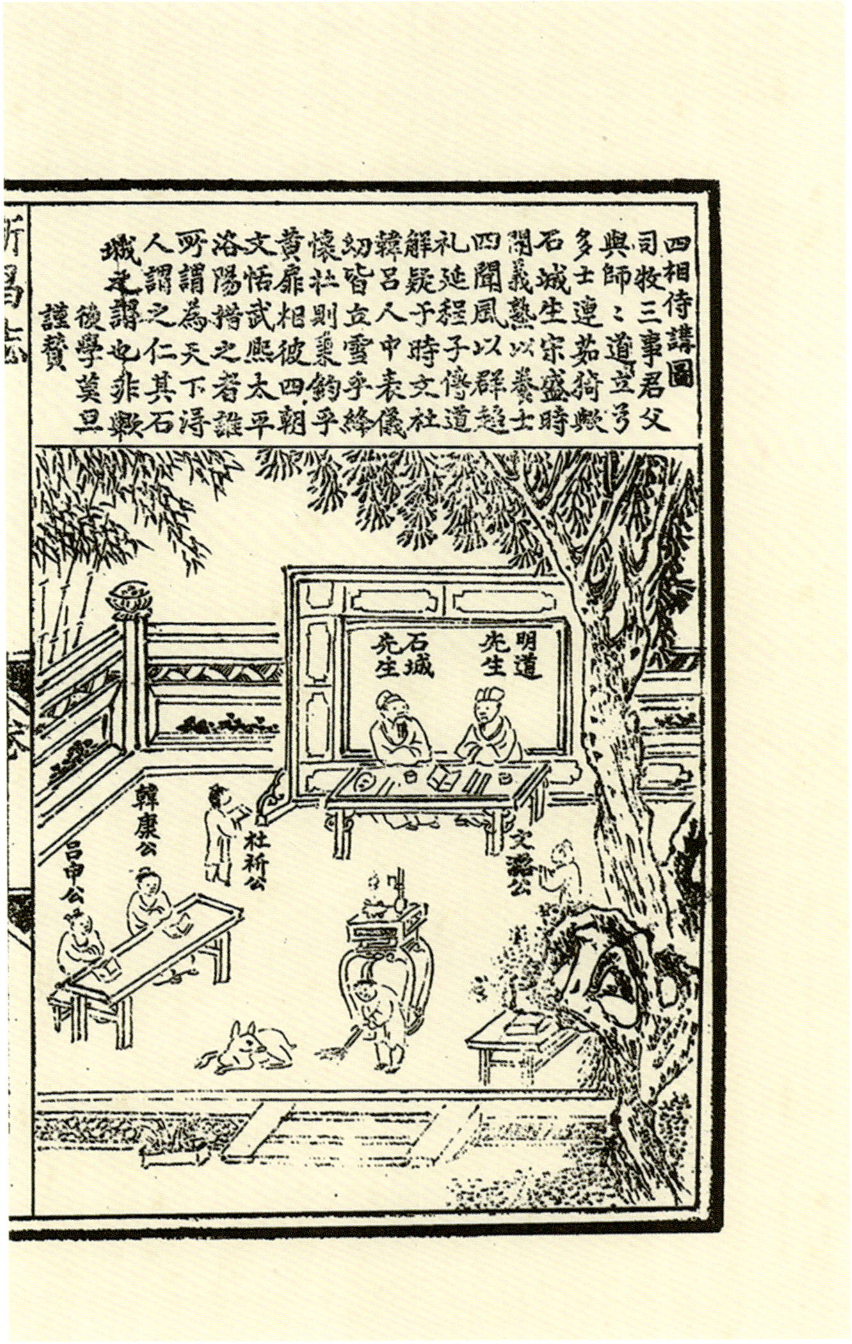

《四相侍讲图》

自宋咸平二年，著名学者石文渥、石待旦父子创办绍兴府第一所义塾——石溪义塾始，鼓山书院历代以来，延请程颢、朱熹等名儒大师讲学，各方士子多学有所成。据民国《新昌县志》载：“自杜祁公而下七十二人借由此登科云。”明成化《新昌县志》有文彦博、杜衍、吕公著、韩绛四人受教于此的“四相侍讲图”记载。相传，当年四人求学期间，常沐浴于附近一小潭，后四人官至宰相，百姓遂将此潭改称为“四相潭”，留存至今。

现鼓山书院即为当时石溪义塾上中下三区中的“集贤讲道”下区。

石文渥（生卒年不详）

字择贤，号寅轩先生，新昌人。宋乡荐进士，官至大理寺评事转刑部尚书。后晋开运二年（945），石文渥在县治西建庆云祠一座，尊石元遂为新昌石氏首世祖。宋咸平二年（999），与石待旦创建石溪义塾。

父择贤谓曰：“建禅祠于故址，开义学于石溪，吾愿也。”公则欣然领之。

——节选自宋 · 蔡居厚《石待旦墓志铭》

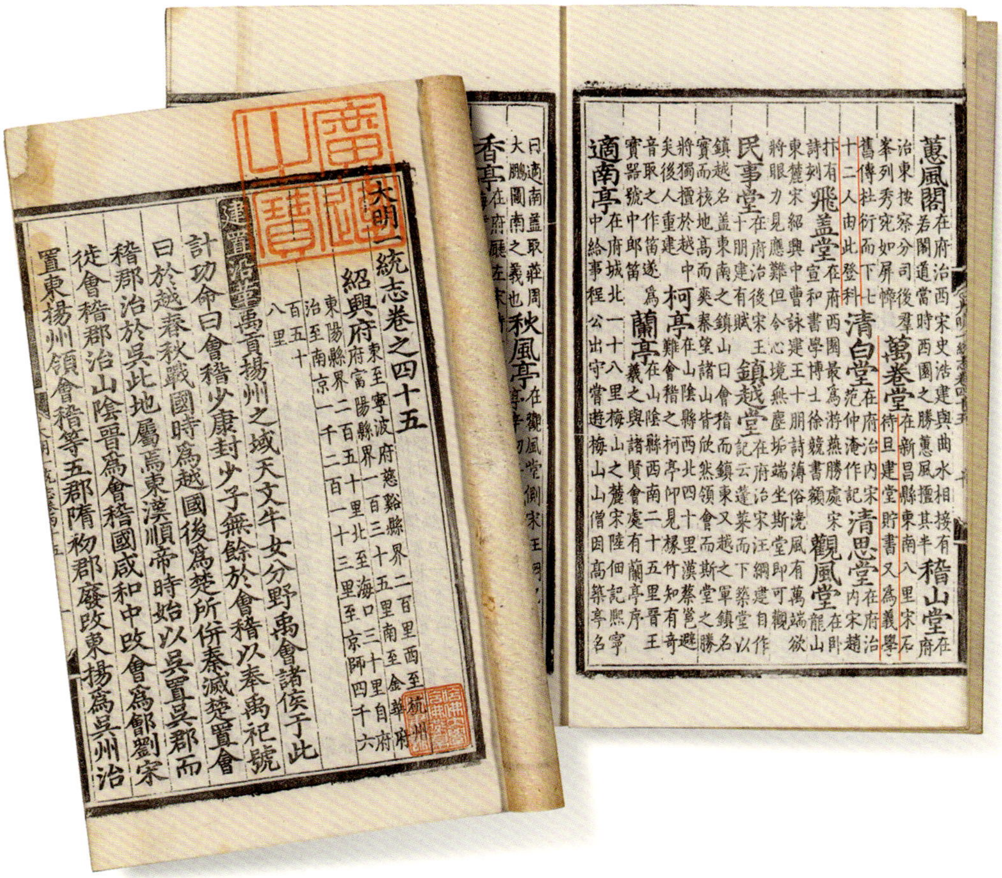

《大明一统志》万卷堂

明李贤、彭时等纂修

新昌博物馆藏

朱熹（1130—1200）

字元晦，号晦庵，谥文，世称朱文公，徽州婺源人。绍兴十八年（1148）进士，官至焕章阁侍制兼侍讲，为宋宁宗皇帝讲学。

朱熹是宋朝著名的理学家、思想家、哲学家、教育家，儒学集大成者，唯一非孔子亲传弟子而享祀孔庙的大儒，世尊称朱子。其理学思想成为元、明、清三朝的官方哲学，是中国教育史上继孔子后的又一人。著述甚丰，其中《四书章句集注》成为钦定的教科书和科举考试的标准。

宋淳熙二年（1175），与石墪同游县东水帘洞，并题任氏壁和《水帘谷诗》。庆元间，朱熹避祸新昌，与石墪、石宗昭等相师友，讲性理之学，采石墪《中庸集解》为注《四书》，并为石墪作《克斋记》，题新昌醉园半亩塘诗。大佛寺仙髻岩原有濯缨亭，传为朱熹讲学之所。朱熹晚年退居武夷山，与石斗文、石应之等书信往来，讨论理学。

石鼓书堂

据现存的明、清碑记和旧《新昌县志》记载，石鼓书堂“旧为石亚之读书之处”。石亚之年十七登景祐元年（1034）进士第，后弃官，诗书鼓山之上，并捐田立观宇。鼓山书院乃其集贤开讲之所，有古井、砚池可以陶情适性。景祐三年（1036），朝散大夫韦骧撰《石鼓主人记》记述石亚之在此“讲论经史，寻探义理”，为隐居读书明志的处士们树立了一个典范和风标。

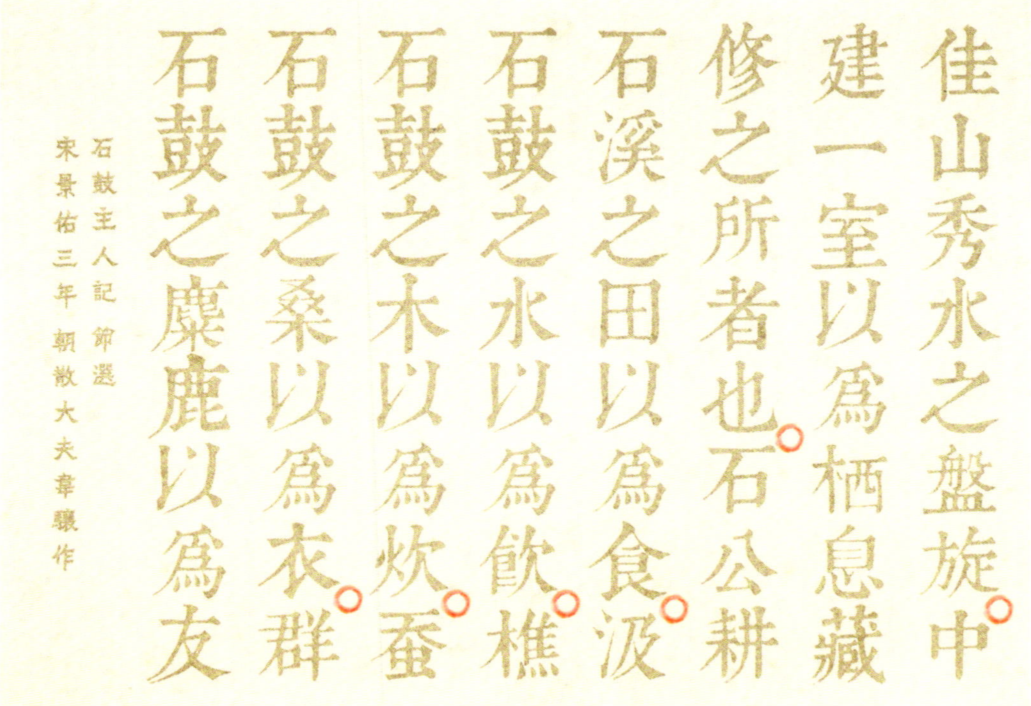

石鼓主人记

宋景祐三年（1036），朝散大夫韋骧撰《石鼓主人记》：“鼓山之下有井焉，井曰‘石井’，千仞碧泉而瑞莲飘香；有池焉，半亩方塘而飞鱼跳跃。左右前后，佳山秀水之盘旋，中建一堂，以为栖息藏修之所者，石公也。石公耕石鼓之田以为食，樵石鼓之木以为炊，蚕石鼓之桑柘以为衣，群石鼓之麋鹿以为友……吾知潜夫不能终居此中而为主人也。讲论经史，寻探义理，以为一身进修之基，是假石鼓之招隐而寄声。盖其高风亮节，睥睨一世，有可慕不可追者乎？”从以上记述看，鼓山更像是石氏的一座庄园，不过石亚之在此“讲论经史，寻探义理”，已为隐居读书明志的处士们树立了一个典范和风标，在此基础上形成书院也就顺理成章了。《石鼓主人记》中还讲到一个神仙故事：亚之尝遇异人，授以丹药，不敢服，投池中，即有“莲开鱼跃”之异。参军楼钥曾有诗和联曰：“莲瑞古井香，龙骧砚池碧”，“书堂蔓葛，百年闻太博之弦歌；丹灶永成，九转服仙人之药饵”。可见，石鼓书堂里还笼罩着道教丹药的气氛。

——节选自陈百刚、陈新宇《鼓山历史文脉简说》

石亚之（1018—1056）

字潜夫，别号少庵，又号石鼓主人。石待旦次子，丰神秀俊。宋景祐元年（1034）进士。宋仁宗十分赏识这位才貌双全的士子，意欲招为驸马。石亚之却婉言相辞，说“亲老愿归养，且家已议鲍氏，王姬非敢偶也”。宋仁宗便没有勉强，后封赐他为“太常博士”。

叶适（1150—1223）

字正则，号水心居士，世称水心先生，温州永嘉人。南宋淳熙五年（1178）进士第二名（榜眼），官至宝文阁学士、光禄大夫（从二品）。南宋著名思想家、文学家、政论家。

叶适所代表的永嘉事功学派，与当时朱熹的理学、陆九渊的心学并列为“南宋三大学派”，对后世影响深远，是温州创业精神的思想发源。叶适著有《水心先生文集》《水心别集》《习学记言》等。

据新昌县志记载，叶适常往来新昌，执教于石、吕诸氏家塾，“与吕元之、声之友善，为声之作《吕丞行》，至今其家宝藏之”。淳熙六年（1179）石斗文重修《石氏宗谱》，请叶适作序，又为石整、石景略作像赞。叶适与黄度也有交往，曾为黄度《周礼说》作序。

陈傅良（1137—1203）

字君举，号止斋，世称止斋先生，浙江温州人。南宋乾道八年（1172）进士，官至宝谟阁待制、中书舍人兼集英殿修撰。南宋著名学者、思想家、教育家。

陈傅良是南宋永嘉学派的主要代表之一，与朱熹的道学、陆九渊的心学鼎足而立，是永嘉学派承上启下的学术巨擘。一生著作颇丰，其《八面锋》为宋孝宗击节赞叹，御赐书名，流传甚广。

陈傅良与朱熹、张栻、吕祖谦友善，文名擅一时。据志载，陈傅良曾执教于新昌袁氏及黄氏家塾，石、吕二氏子弟多从之学。为吕琰作《陈岩墓志》，又为吕冲之等作《字说》。

茹棻（1755—1821）

字稚葵，号古香，会稽人。乾隆四十九年（1784）甲辰科状元，历任山东、山西等乡试正考官，拔举真才，端正风俗，以图报效，一反科举不正之风，颇得名声，官至兵部尚书。著有《使兖》《使晋》《使楚》《使南》《使沈》等诗集。

未第时，茹棻任鼓山书院山长，与新昌城中横铺石板树兰堂主人陈克淳交好，陈克淳之子陈树簨入书院为茹棻高徒，后任职严州训导，是著名教育家，受道光传旨表彰，身后位列乡贤祠。

石墪传道

石墪，邦维之子，天资高迈，研究探讨理学，与熹友善，为一代儒宗。他在鼓山书院讲学传道，发挥孔孟奥义，传播程朱理学，使鼓山书院声誉鹊起。故宋以后，院内历代都为他立像崇祀。《光绪新昌县志》则直言：“石子重建书院。”

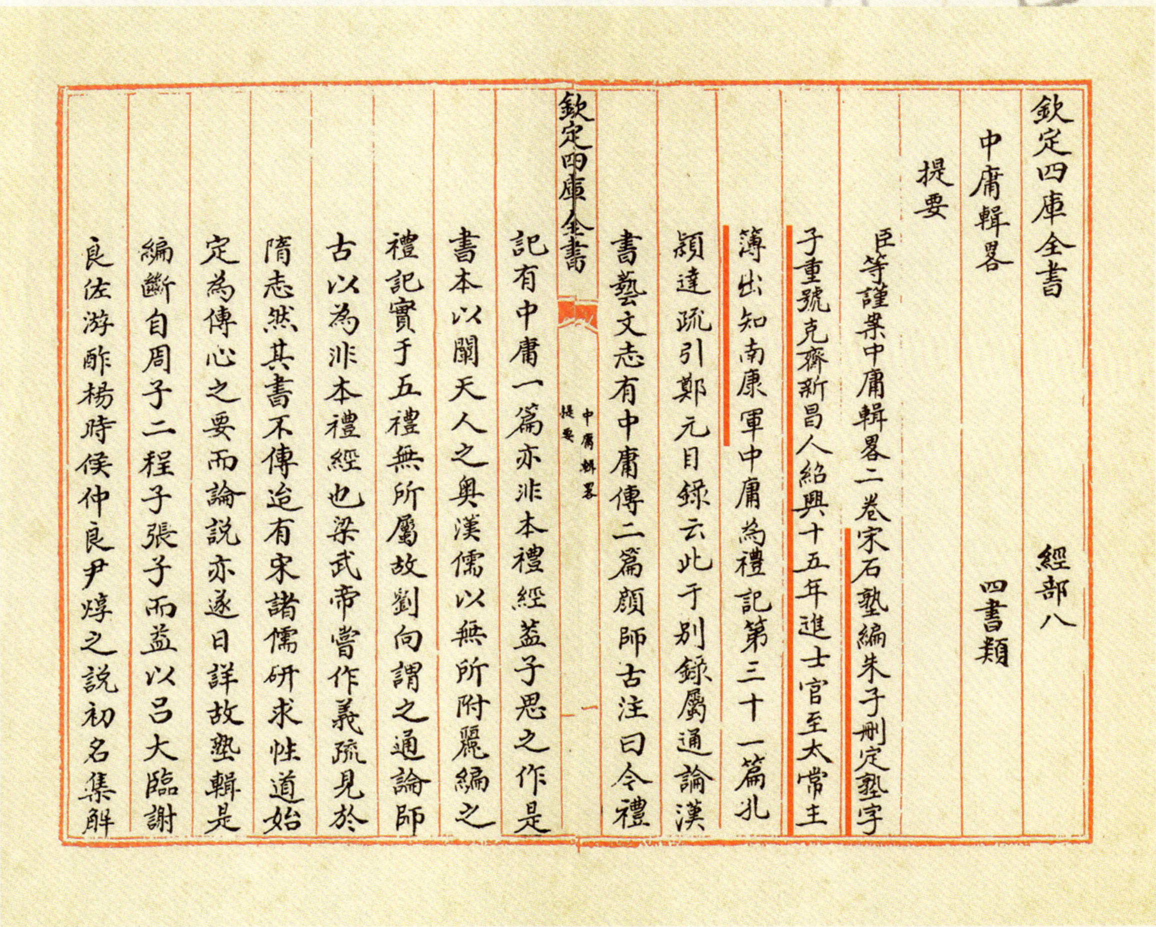

欽定四庫全書　經部八

中庸輯畧　四書類

提要

臣等謹案中庸輯畧二卷宋石墪編朱子删定墪字子重號克齋新昌人紹興十五年進士官至太常主簿出知南康軍中庸為禮記第三十一篇孔頴達疏引鄭元目錄云此于别錄屬通論漢書藝文志有中庸傳二篇顔師古注曰今禮

欽定四庫全書　中庸輯畧　提要

記有中庸一篇亦非本禮經蓋子思之作是書本以闡天人之奥漢儒以無所附麗編之禮記實于五禮無所屬故劉向謂之通論師古以為非本禮經也梁武帝嘗作義疏見於隋志然其書不傳迨有宋諸儒研求性道始定為傳心之要而論説亦遂日詳故墪輯是編斷自周子二程子張子而益以吕大臨謝良佐游酢楊時侯仲良尹焞之説初名集解

《钦定四库全书》经部提要

訓詁之為事而不知復求聖人之意以明夫性命道德之歸至于近世先知先覺之士始發明之則學者既有以知夫前日之為陋矣然或乃徒誦其言以為高而又初不知深求其意甚者遂至於脫略章句陵籍訓詁坐談空妙展轉相迷而其為患反有甚於前日之陋者嗚呼是豈古昔聖賢相傳之本意與夫近世先生君子之所以望於後人者哉熹誠不敏私竊懼焉故因子重

之書特以此言題其篇首以告夫同志之讀此書者使之毋跂於高毋駭於奇必沈潛乎句讀文義之間以會其歸必戒懼夫不睹不聞之中以踐其實庶乎優柔厭飫真積力久而於博厚高明悠久之域忽不自知其至焉則為有以真得其傳而無徒誦坐談之弊矣抑子重之為此書采掇無遺條理不紊分章雖因衆說然去取之間不失其當其謹密詳審蓋有得乎行遠自邇登高自卑之意雖哀公問政以下六章據家語本一時問答

欽定四庫全書　中庸集解 原序　三

之言今從諸家不能復合然不害於其脉理之貫通也又以簡帙重繁分為兩卷亦無他義例云淳熙癸卯春三月新安朱熹序

中庸集解原序

《钦定四库全书·中庸集解》原序

朱熹为好友石𡼖《中庸集解》作序，说："熹之友会稽新昌石君𡼖子重乃始集而次之，合为一书，以便观览，名曰《中庸集解》"；又说："抑子重之为此书，采掇无遗，条理不紊，分章虽因众说，然去取之间不失其当，其谨密详审，盖有得乎行远自迩，登高自卑之意……"

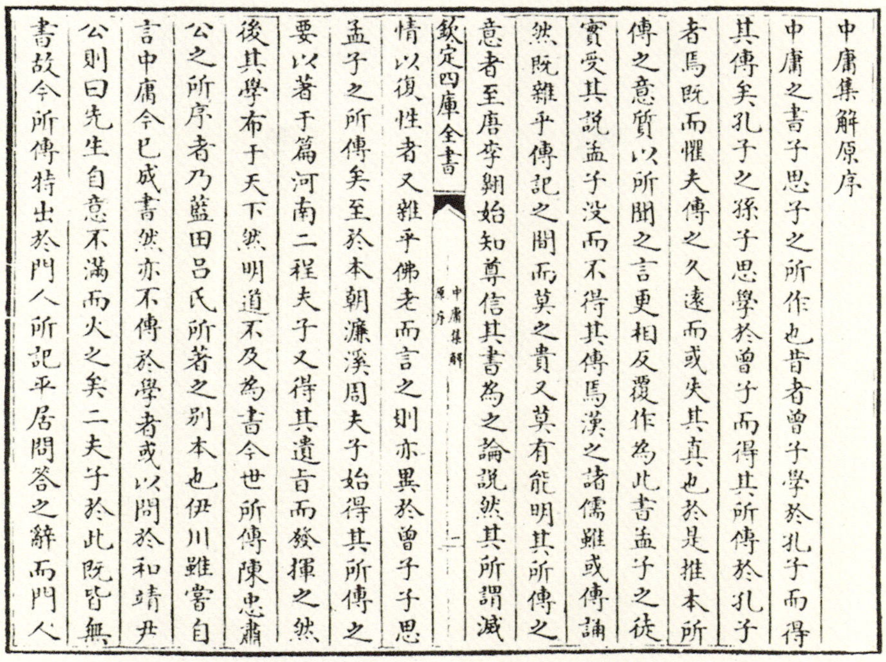
中庸集解原序
中庸之書子思子之所作也昔者曾子學於孔子而得
其傳矣孔子之孫子思學於曾子而得其所傳於孔子
者焉既而懼夫傳之久遠而或失其真也於是推本所
傳之意質以所聞之言更相反覆作為此書孟子之徒
實受其說孟子沒而不得其傳焉漢之諸儒雖或傳誦
然既雜乎傳記之間而莫之貴又莫有能明其所傳之
意者至唐李翺始知尊信其書為之論說然其所謂滅
欽定四庫全書
中庸集解 原序
一
情以復性者又雜乎佛老而言之則亦異於曾子子思
孟子之所傳矣至於本朝濂溪周夫子始得其所傳之
要以著于篇河南二程夫子又得其遺旨而發揮之然
後其學布于天下然明道不及為書今世所傳陳忠肅
公之所序者乃藍田呂氏所著之别本也伊川雖嘗自
言中庸今已成書然亦不傳於學者或以問於和靖尹
公則曰先生自意不滿而火之矣二夫子於此既皆無
書故今所傳特出於門人所記平居問答之辭而門人

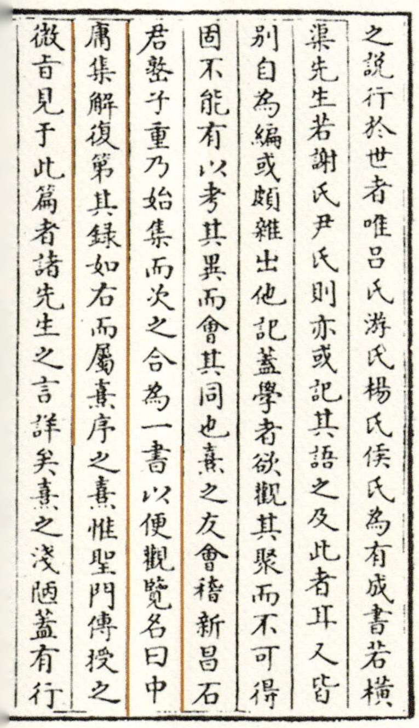
之說行於世者唯呂氏游氏楊氏侯氏為有成書若橫
渠先生若謝氏尹氏則亦或記其語之及此者耳又皆
别自為編或頗雜出他記蓋學者欲觀其聚而不可得
固不能有以考其異而會其同也熹之友會稽新昌石
君墪子重乃始集而次之合為一書以便觀覽名曰中
庸集解復第其録如右而屬熹序之熹惟聖門傳授之
微旨見于此篇者諸先生之言詳矣熹之淺陋蓋有行

书院后记

展厅实景图

几度兴衰

宋末及元代，鼓山书院失修而废，至元末明初，鼓山已不闻读书之声，而成为道教活动之所。明代新昌进士何鉴有诗感叹：“书院空传遗故址，遗流今已作仙都。从来胜地多方外，自昔登临属士夫……”明嘉靖间，绍兴知府洪珠集资复建。书院得以重建，并扩大规模。清代，对重建鼓山书院贡献最大的是吕氏家族，数次出资修缮。光绪二十八年（1902）停办，院田移拨县立高等小学堂。民国三十四年（1945），院舍作县立简易师范校舍。

洪珠复建

明嘉靖间，由绍兴知府洪珠集资，鼓山书院得以扩大规模重建。嘉靖十三年（1534）书院落成，洪珠作《鼓山书院记》，并以如椽之笔写其形胜云：“南望旗山，如见大宾矣。乃梵刹峥嵘，思一扫而未暇；北负金庭……三溪绕其西；四明倒影，吊知章之狂放；天姥峙其东，峻层云表。”可见其规模宏敞，颇具气势。

乃寻鼓山旧址，得地直可一十八丈，横如其数。构六楹，中设先生神位，前四楹为仪门，又前二楹为台门。南临大路，建绰楔以树风声，山田地共二十八亩，咸畀先生裔孙（石家子孙）克刚岁供祀事。堂中屹势尊，宅安境静，泉石幽响，前人讲学声韵，若可听闻。

——洪珠《鼓山书院记》节选

鼓山书院碑

鼓山书院记

宋末及元代，鼓山书院失修而废。明嘉靖间，由绍兴知府洪珠集资，在石鼓书堂旧址扩大规模重建鼓山书院。嘉靖十三年（1534）书院落成之后，洪珠作《鼓山书院记》，从学术史传播的角度，比较宏观地写出了鼓山书院的历史传承概况和一代理学名儒石墪的学术渊源，是一篇十分难得的学术传记。

鼓山书院记

赐进士出身亚中大夫浙江等处承宣布政使司左参政前绍兴府知府莆田西淙洪珠撰文

赐进士出身中顺大夫绍兴府知府前户部郎中玉融梅塘毛秉铎书丹

赐同进士出身承事郎绍兴府推官晋江见吾子陈让篆额

宋绍兴间，有醇儒出自会稽新昌，曰“克斋先生”。先生姓石讳墪，字子重。世系自汉晋远且耀，至宋而大昌，宦绩行业，谱牒有记矣。自先生高祖石城公建兹院，延明道先生典塾事，伊洛之学始入越，继亦休熄。先生起，奋趋此学，著有《中庸集解》，发挥道德性命，微辞旨义灿如也。晦翁得考据以明畅《中庸》，又三仕同官，薰蒸琢磨上下，而先生诣重致远之学，遂以大成。晚开此堂教诸子，延自远方来士日与讲论，无过求仁为要，因匾其堂曰“克斋”。此学盖终其身思以行之乡国天下来世也。余少读《朱子全书》，见其尝怪越中学术于华实之际，迨守绍兴，读《会稽志》，亦见其始末记载，皆仙佛幻迹、风流题咏、王谢一派为烈，无修书先生学业者，何如也？盖古者君子仕于乡，则思举其故，若废名贤盛德不载，堕贤人世胄躅业不彰，耻莫大焉。学术系人心政治，乃寻鼓山旧址，得地直可一十八丈，横如其数。构六楹，中设先生神位。前四楹为仪门，又前二楹为台门。南临大路，建绰楔以树风声。山、田、地共二十八亩，咸畀先生裔孙克刚岁供祀事。南望旗山，如见大宾矣，乃梵刹峥嵘，思一扫而未暇；北负金庭，委羽瑞莲，龙骧之迹犹有存者，而荒幻可畏。三溪绕其西，四明倒影，吊知章之狂放，惜其不知所裁；天姥在（峙其）东，凌层云表，又惜其题抹镌雕，多是浮华放浪之迹。唯堂中屹而势尊，宅安境净，泉石幽响，前人讲学声韵若可听闻。呜呼，孔门一派，自孟子后至明道而始明；紫阳一派，传自伊洛；新昌一派，分自紫阳，不可诬也，亦以行于越矣。则登斯堂也，能无益思先生名斋之义？高山仰止，克己求仁，极于诣重致远之际，而尽易其旧者，意在斯乎！意在斯乎！因系之辞，俾世歌以祀公，曰：

道要渺兮谁传，览千古兮思大贤。惟气质兮间值，亦天运兮回还。美好修兮前哲，超独得兮灵玄。绍世业兮猗那，导洛源兮扬闽波。信修兮勉慕，代不同兮将谓何。将谓何兮思迟迟，寻石鼓兮文旗。怅遗迹兮荒草滋，集芳馨兮建堂帏。山空兮无尘，会适兮交神。若有告余兮道真，保厥美兮依于仁，依于仁兮学所止归。渔川与泳兮乌云与飞，风云雨露兮似是而非。凡我髦士兮吃紧。以为南明高兮光古瀰。畹有兰，汀有芷，越多士兮公多孙子，神居其间兮永與终始。

嘉靖甲午（1534）仲夏吉日

新昌县知县曹祥，县丞姜操，儒学教谕许渊，训导吴晟、许效贤，典史郑延光　立。

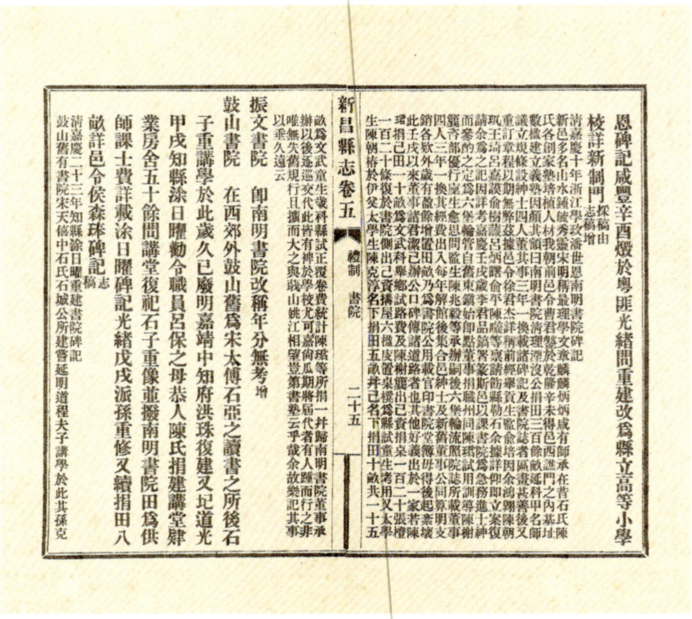
恩碑記咸豐辛酉燬於粵匪光緒間重建改爲縣立高等小學
校詳新制門 采稿由志稿增
新昌縣志卷五 禮制 書院 二十五
振文書院 即南明書院改稱年分無考 增
鼓山書院 在西郊外鼓山舊爲宋太傅石亞之讀書之所後石
子重講學於此歲久已廢明嘉靖中知府洪珠復建又圮道光
甲戌知縣涂日曜勸令職員呂保之母恭人陳氏捐建講堂肆
業房舍五十餘間講堂復祀石子重像並撥南明書院田爲供
師課士費詳載涂日曜碑記光緒戊戌派孫重修又續捐田八
畝詳邑令侯森琫碑記 志稿

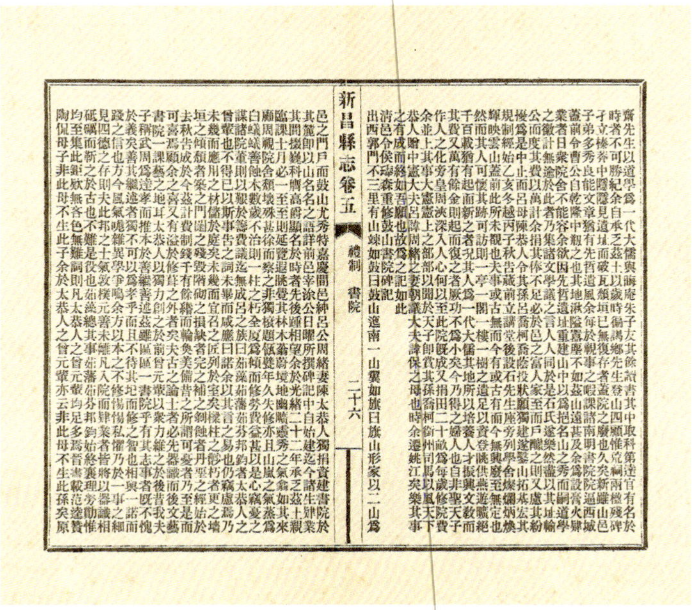
新昌縣志卷五 禮制 書院 二十六

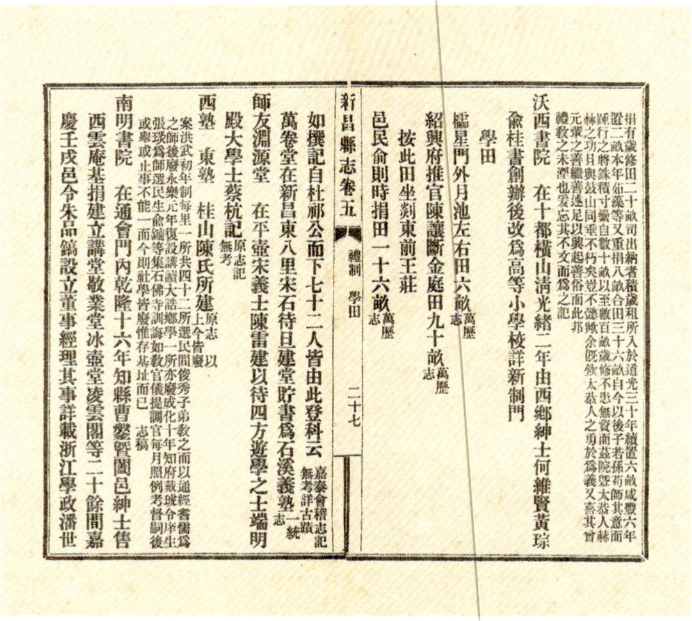
沃西書院 在十都橫山清光緒二年由西鄉紳士何維賢黃琮
俞桂書創辦後改爲高等小學校詳新制門
學田
儒星門外月池左右田六畝 萬歷志
紹興府推官陳讓斷金庭田九十畝 萬歷志
按此田坐剡東前王莊
邑民俞則時捐田一十六畝 萬歷志
新昌縣志卷五 禮制 學田 二十七
如撰記自杜郝公而下七十二人皆由此登科云 嘉泰會稽志記無考詳古蹟
萬卷堂在新昌東八里宋石待旦建堂貯書爲石溪義塾 一統志
師友淵源堂 在平壺宋義士陳雷建以待四方遊學之士端明
殿大學士蔡杭記 原志記無考
西塾 東塾 桂山陳氏所建 原志以上今皆廢
南明書院 在通會門內乾隆十六年知縣曹鑾暨闔邑紳士售
西雲庵基捐建立講堂敬業堂冰壺堂淩雲閣等二十餘間嘉
慶壬戌邑令朱品鎬設立董事經理其事詳載浙江學政潘世

数度修缮

清嘉庆二十一年（1816）

知县涂日曜振兴文教，劝邑绅吕保之母陈氏恭人独捐资建书院于山麓。次年落成，前立讲堂，后设石墪先生像，旁列学舍，共五十余间。“灿烂炳焕，辉映云山，盖前此所未睹也”。陈氏还捐田二十亩，其收益作每岁修缮院舍之费用。

清光绪二十二年（1896）

据《吕氏宗谱》载，县令侯琫森，每月去书院课士，“周视院舍，颓坏殊甚，徐而察之，非独榱题瓴甓年久失修，亦且山岚之气，蒸为白蚁，蚁善蚀木。数岁不治，则一柱之朽，全厦为倾”。知县侯琫森主持，陈氏恭人曾元辈吕茹藻、吕茹藩、吕茹芬、吕邦钧等捐资重修鼓山书院。次年竣工，院舍再度美轮美奂，吕氏又捐田8亩助学。

鼓山书院修缮记载（民国《新昌县志》）

民国《新昌县志》中所记载的《清嘉庆二十三年知县涂日曜重建书院碑记》和《清邑令侯琫森重修鼓山书院碑记》全文。

重建鼓山书院碑记

清嘉庆二十一年（1816），知县涂日曜为振兴文教重建鼓山书院，并自捐官俸，由石氏捐地址，吕保之母陈氏恭人令其孙乔柯、乔槐投状独建。书院落成，前立讲堂，后设石塹先生像，旁列学舍，共五十余间。陈氏还捐田二十亩，其收益作每岁修缮院舍之费用。嘉庆二十三年（1818），时任新昌知县涂日曜作碑记。

重建鼓山书院碑记

鼓山旧有书院，宋天禧中（1017—1021）石氏石城公所建，尝延明道程夫子讲学于此。其孙克斋先生以道学为一代大儒，与晦庵朱子友。其余读书其中、取科第达官有名于时者，不可胜纪。余自承乏兹土，以岁时遍谒乡先生，登山四顾，惟荒祠两楹，残碑孑立，榛莽中隐隐见遗址，而破瓦颓垣，已无复存者，盖院之废也久矣。新虽山邑，子弟多秀，良能文章，犹有先哲遗风。余每于视事之暇，课诸南明书院。院逼西城，盖前令曹公自乾隆中创之也，其地湫隘嚣尘，不如兹山远甚。及余为设膏火，肄业者日益众，院舍不能容。余欲因先哲遗址，重建山中，以为挹名山之秀。而嗣道学之徽，计无逾于此者。乃集诸文学议之，言人人同。于是，石氏遂乐然尽以其址输公，而度其费以万计。余捐其俸不足，必于邑之富人家至而户醵之，则又虑其纷扰，为是中止。而吕母陈恭人，令其孙吕乔柯、乔荫投状愿独建。遂凿山拓基，宏其规制，经始乙亥（1815）冬，越丙子（1816）秋告蒇。前立讲堂，后设石先生座，旁列学舍，灿烂炳焕，辉映云山，盖前此所未睹也。夫事或古无而今有，或古有而今无，兴废至无定也。然而其人可怀，其迹可访，则一亭一阁一楼一榭之遗，足以资登眺，供燕游，旷绝千百载，犹有起而新之者。况其人为一代大儒，其地所以培养人才，振兴文教，而其费又万有余金，则起而复之者，厥功不为小矣，竟乃得之妇人也。自非圣天子作人之化，旁皇周浃，深入人心，何以至此。院既成，又捐田二十亩，为每岁修院费。余并上其事大宪，宪上之部，部以闻于天子，即赏其孙乔柯衔州司马，以风天下。恭人，赠中宪大夫吕讳周绪之妻、朝议大夫讳保之母也。时余迁姚江矣，乐其事之有成而终如吾愿也。故为之记如此。

知绍兴府事赵秉初篆额

知余姚县事涂日燿撰文

新吴涂鸿占书丹

嘉庆二十三年（1818）岁次戊寅六月之吉立

杭郡张补堂摹

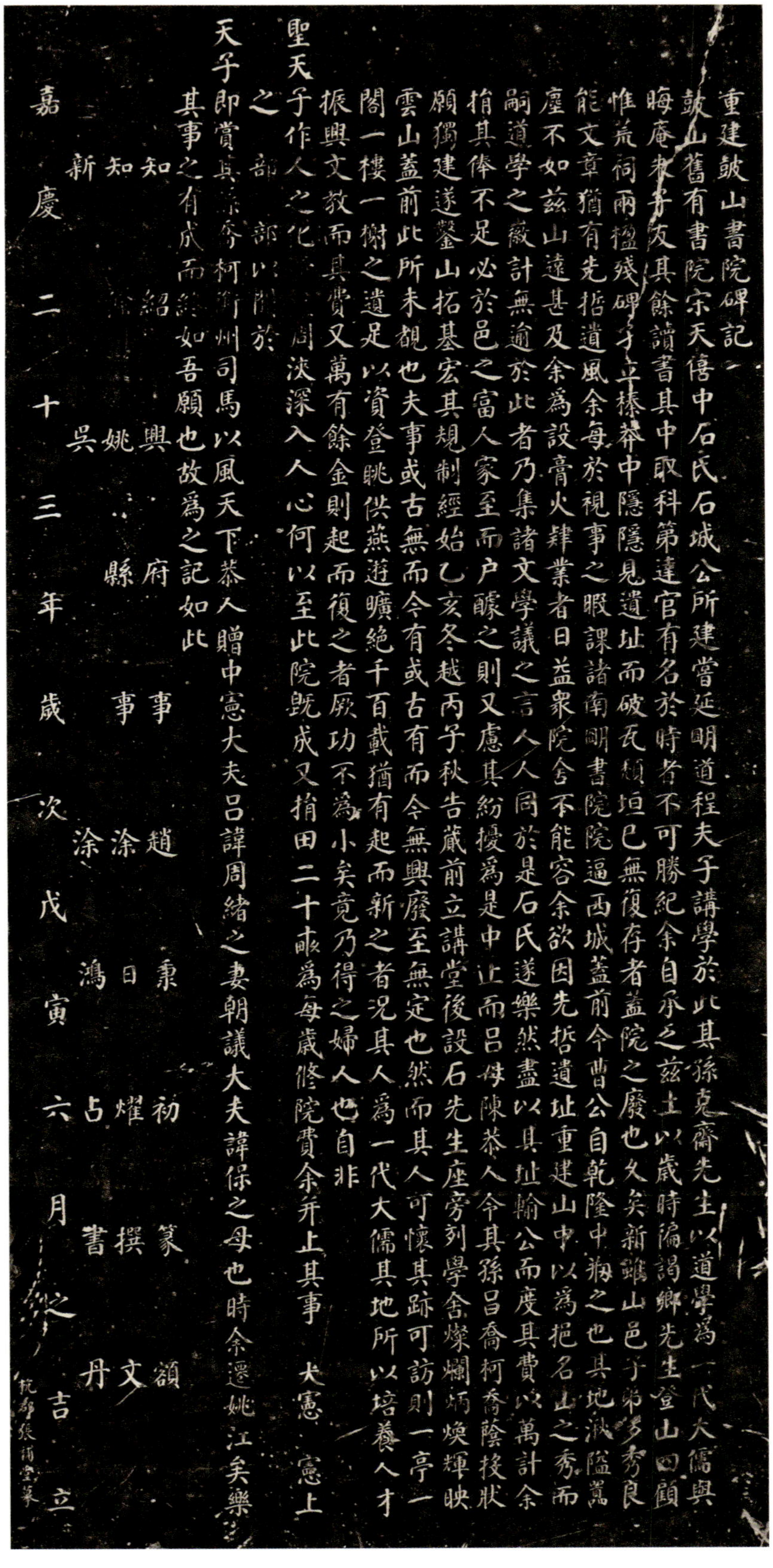
重建鼓山書院碑記
鼓山舊有書院宋天禧中石氏石城公所建嘗延明道程夫子講學於此其孫克齋先生以道學爲一代大儒與晦庵朱子友其餘讀書其中取科第達官有名於時者不可勝紀余自承乏茲土以歲時徧謁鄉先生登山四顧惟荒祠兩楹殘碑孑立榛莽中隱隱見遺址而破瓦頹垣已無復存者蓋院之廢也久矣新雖山邑子弟多秀良能文章猶有先哲遺風余每於視事之暇課諸南明書院院逼西城蓋前令曹公自乾隆中剏之也其地湫隘囂塵不如茲山遠甚及余爲設膏火肄業者日益衆院舍不能容余欲因先哲遺址重建山中以爲挹名山之秀而嗣道學之徽計無逾於此者乃集諸文學議之言人人同於是石氏遂樂然盡以其址輸公而度其費以萬計余捐其俸不足必於邑之富人家至而戶醵之則又慮其紛擾爲是中止而呂母陳恭人令其孫呂喬柯喬蔭投狀願獨建遂鑿山拓基宏其規制經始乙亥冬越丙子秋告蕆前立講堂後設石先生座旁列學舍燦爛炳煥輝映雲山蓋前此所未覩也夫事或古無而今有或古有而今無興廢至無定也然而其人可懷其跡可訪則一亭一閣一樓一榭之遺足以資登眺供燕遊曠絕千百載猶有起而新之者況其人爲一代大儒其地所以培養人才振興文教而其費又萬有餘金則起而復之者厥功不爲小矣竟乃得之婦人也自非
聖天子作人之化旁皇周浹深入人心何以至此院既成又捐田二十畝爲每歲修院費余并上其事大憲憲上之部部以聞於
天子即賞其孫喬柯銜州司馬以風天下恭人贈中憲大夫呂諱周緒之妻朝議大夫諱保之母也時余遷姚江矣樂其事之有成而終如吾願也故爲之記如此
知紹興府事趙秉初篆額
知餘姚縣事涂日燿撰文
新吳涂鴻占書丹
嘉慶二十三年歲次戊寅六月之吉立
杭郡張補堂摹

书院后记

抗日战争期间，陈石民先生曾借鼓山书院办农桑学校；抗日战争胜利后，鼓山书院曾作为新昌简师校舍；1949年后西岭乡政府曾以此作为驻地，对于保护鼓山书院功不可没；"文革"期间，"新昌县革委会"曾把鼓山书院划拨给同在西隅的新昌水泥厂作职工宿舍；1995年8月，县府发文将鼓山书院收回国有，拨款二十五万元给县关心下一代工作委员会，修葺鼓山书院作石城中学办学之处。

新昌县立简易师范学校第四届毕业生合影

新昌县立简易师范学校第八届毕业生合影

新昌县立简易师范学校第三届毕业生合影

学校活动掠影一

学校活动掠影二

學府雅集

学府雅集

叁

宋代，新昌置县学、建书院、举义学、设家塾，士皆业儒，文风昌盛。当时除石溪义塾、新昌县学外，桂山义塾、平波书堂、平山书堂、来青楼等亦著名于时。石、吕、袁、黄等名门望族，多设家塾，延聘瑞安陈傅良、永嘉叶适等宏儒执教，子弟高中累累。明清以降，名塾有沃洲书楼、金岩义塾、水濂书院等。及至晚清，私塾遍及乡里，真诏一村，多处设馆，入庠者众，俗称“秀才夹笆”。

大成
私塾
私塾也叫家塾、族塾，是古代对学童进行启蒙教育的学校，遍及全县各乡。明、清两代，县内较大的村子都办1所或几所私塾。以私立为主，富家单独聘请先生在家里教授，平民则联合多数人家共聘一先生在私人住宅或祠堂庙宇里上课。私塾的课桌凳全由学童自带，大小高低不一，或由社会贤达捐助。
陳氏桂山東塾圖
桂山东塾
陈雷

展厅实景图

义塾

南宋以来，南宋都城南迁临安（今属杭州），经济文化中心随之南移，新昌义塾大兴，由石溪义塾发其端，桂山西塾继其绪，而大昌于桂山东塾。义塾义学如雨后春笋，蓬勃发展，新昌教育文化迎来第一个高峰。

仅成化《新昌县志》记载，淳祐五年（1245）二月一篇义塾碑记，所撰记、书写、题额者，皆为大名鼎鼎的饱学鸿儒：资政殿学士、正议大夫提举临安府洞霄宫陈卓记，朝请大夫张即之书，少保观文殿太学士礼泉观使兼侍读卫国公郑清之题。于此可见一斑。

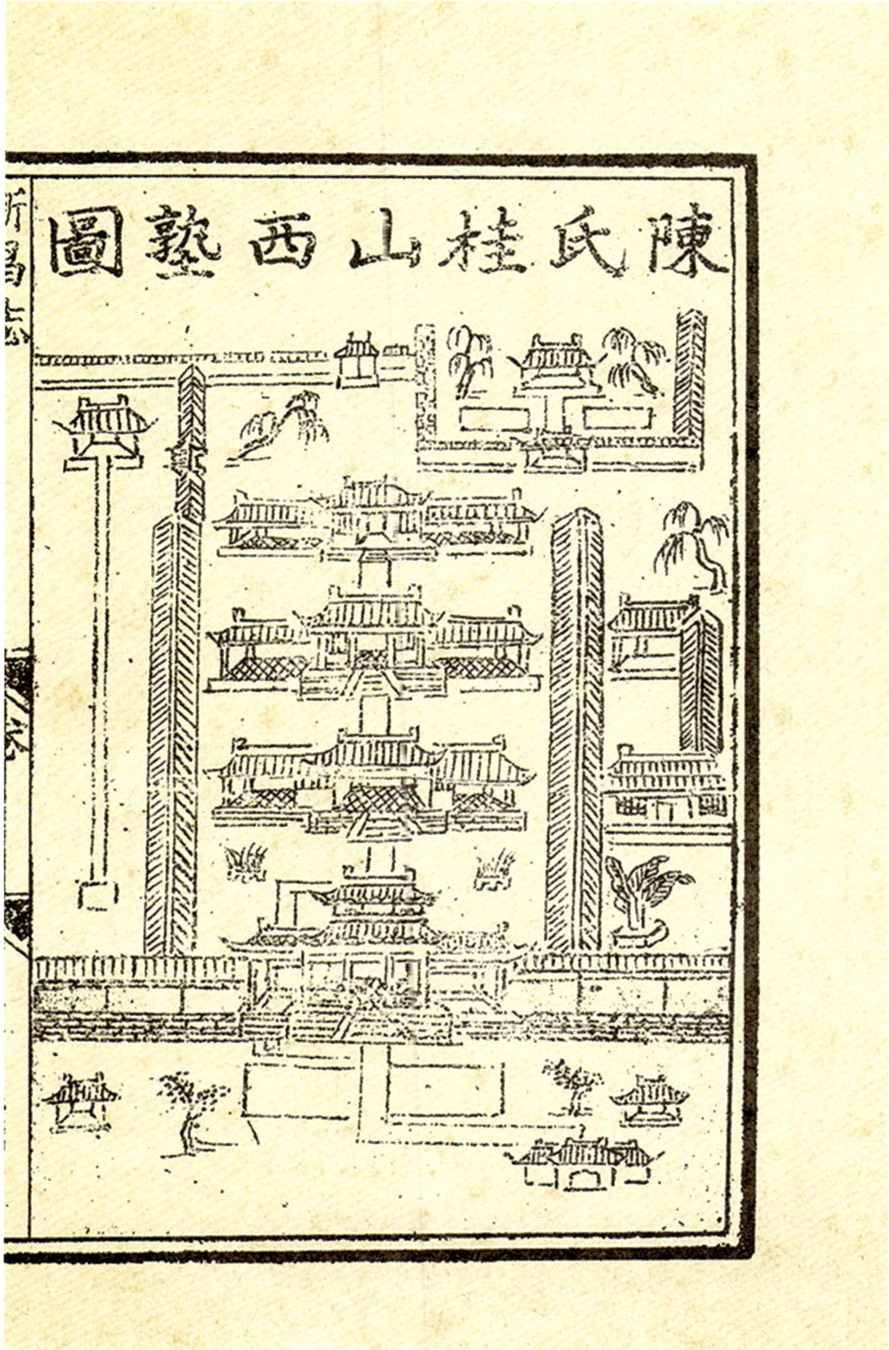

陈祖（1142—1213）

字惠卿，今新民乡平湖村人。少丧父兄，善治家业，家资颇富，义举甚多。卒葬仙桂乡之东山。

桂山西塾

宋嘉泰三年（1203），陈祖在县东十五里平壶村建桂山西塾，有丽泽堂、众缘楼等馆舍百余楹。西塾聘台越名儒方秉哲、王爚、诸葛兴等掌教，受业者来自天台、临海、义乌、东阳、剡川、山阴、诸暨等地，凡百余人。王爚为西塾制订校训：“毋怀于安，毋怠于嬉，毋矜其能而自足，毋委其命而不修。”训诲生员勤奋为学，生员入庠、登科者众。

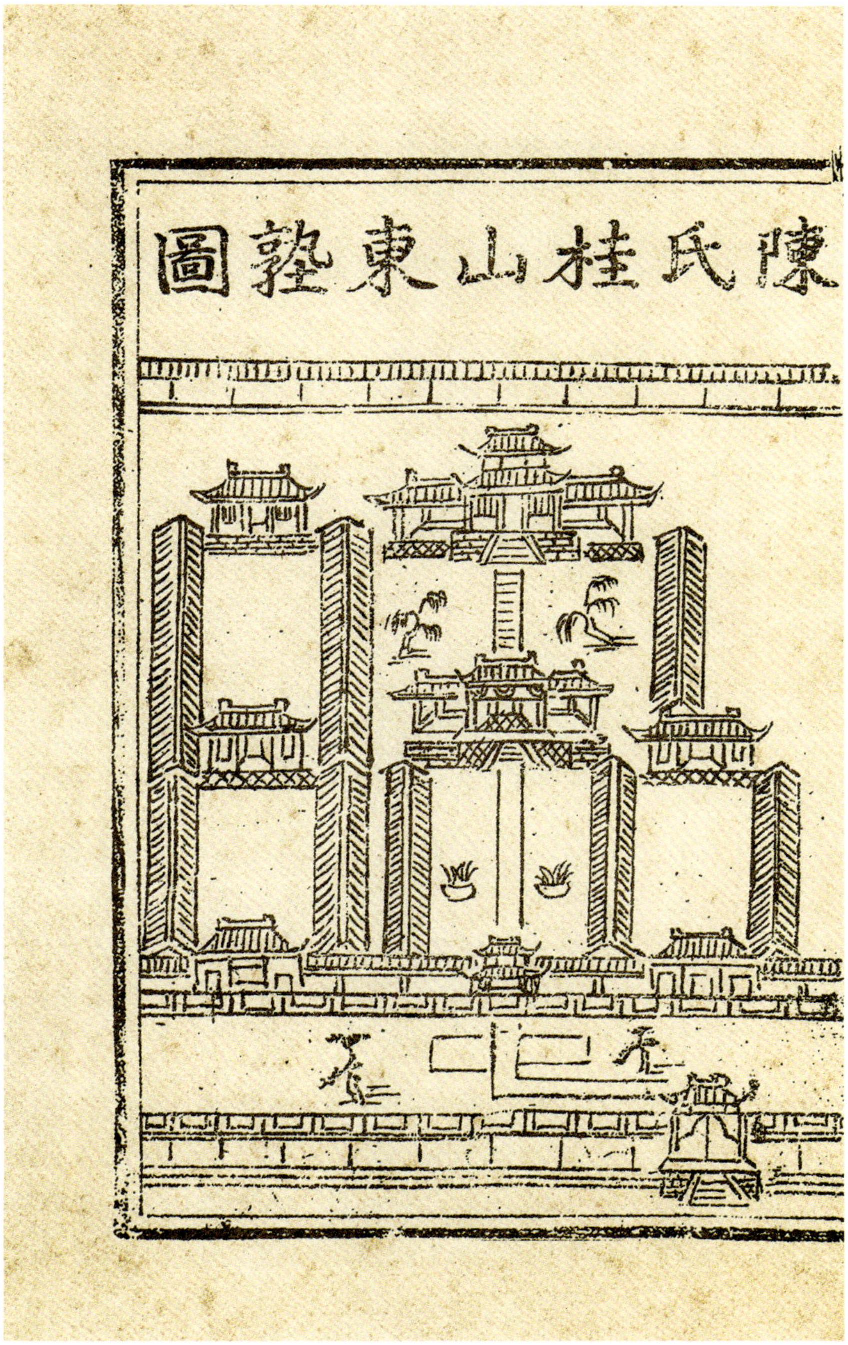

桂山东塾

宋绍定四年（1231），陈祖从孙陈雷在平壶村建桂山东塾，中有师友渊源堂，列二十斋，斋各有铭。除应科举外，还阐以义理渊源之学。先后凡五辟，聘张即之、王持㕍（南宋状元王十朋曾孙）、储国秀、黄必大等著名学者为师。“两浙诸郡之俊秀，咸在于斯集者凡三百人”（新昌《陈氏宗谱》）。朝夕讲习，科第连绵，端明殿大学士蔡杭为之作记。

陈雷（1199—1275）

字震亨，陈祖从孙。宋绍定四年（1231）创桂山东塾，又立义田、义役、义馆、义阡，建平粜仓、义济局，志载“凡义而可行者力行之而无倦”。德祐元年（1275）陈雷卒，生员76人吊，其文称：“新昌风俗，士厉节操，乡耻浮薄，皆义塾倡率作成。”

王爚（1199—1275）

字仲潜，一字伯晦，号修斋，新昌长潭（今澄潭）人。南宋嘉定十三年（1220）进士，官至左丞相兼枢密使，南宋恭帝时期的著名宰相之一。

王爚为人清修刚劲。被宋度宗尊为“师臣”的贾似道回天台葬母，途经新昌，独爚不见。贾似道督师溃败，王爚又劾贾似道误国丧师罪，贾似道遂被贬徙外地，四处遭人唾弃。著有《言子》，《宋史》有其传。

据新昌县志记载，陈祖建桂山西塾，有丽泽堂、众缘楼等馆舍百余楹。王爚曾在此执教，并为西塾制订校训称：“毋怀于安，毋怠于嬉，毋矜其能而自足，毋委其命而不修。”教导学生勤奋为学，生员入庠、登科者众。

张即之（1186—1263）

字温夫，号樗寮，历阳（今安徽和县）人。名门显宦之后，为参知政事张孝伯之子，爱国词人张孝祥之侄，系中唐著名诗人张籍的八世孙。举进士，官至司农寺丞，授直秘书阁。

张即之书法深受唐人影响，后转师米芾，参以晋唐经书汉隶，并能“独传家学”，自成一家体系。张即之擅长楷书和榜书，尤喜作擘窠大字，是南宋后期力挽狂澜、振兴书法艺术、穷毕生之力以改变衰落书风的革新家，称雄一时，且有“宋书殿军”之誉，是南宋书坛首要人物。

宋淳祐间（1241—1252），张即之往来新昌，受陈雷之聘，于陈氏桂山东塾执教，为陈氏书“义塾”“义庄”，为吕秉南书“芳在庵”“竹山庄”大字，与书院山长潘孚书“留耕桂山”四大字，又书“石城”二大字，皆清劲奇古，为世所重。

私塾

私塾也叫家塾、族塾，是古代对学童进行启蒙教育的学校，遍及全县各乡。明、清两代，县内较大的村子均设一所或几所私塾。以私立为主，富家单独聘请先生在家里教授，平民则联合多数人家共聘一先生在私人住宅或祠堂庙宇里上课。

按办学性质和经费来源，县内私塾大体分为三种类型：

- 一类是由家境清贫的塾师托人出面为其“团馆”，接收一般平民子弟入学。学费多少按学童的年龄大小、程度高低和家庭经济条件好坏作为收缴全年学资标准。
- 二类是由官宦人家、地方豪绅或殷实富户，专门延聘名师教授其子女的家塾。塾师的聘仪、车马等费均由东家包干。
- 三类是由大姓宗祠为培养宗祠子弟而设置的族塾，有的也兼收族外异姓学童入学。聘请塾师等一切经费由宗祠开支。塾师多数为落榜秀才或屡考不第的童生。私塾的课桌凳全由学童自带，大小高低不一，或由社会贤达捐助。

兹 在
南明书院
清乾隆十六年(1751)，知县曹鑾与县内绅士购入西云庵基
南明书院（又名振文书院，今南明小学校址）。书院内立
敬业堂、冰壶堂、凌云阁等30余间。有学田三百余亩做
经费。聚生徒数十人，延聘名师掌教。延科甲名师议立规
设绅士四人董其事，经管院产，所用经费年底统一结算。
三年一换，以防舞弊。咸丰十一年(1861)毁于兵火。光绪
八年（1902），知县侯森琫委任吕衷谦、吕仁澜募捐重
改办县立高等小学堂。
沃西书院
清光绪二年（1876），由西乡绅士何维贤、黄琮、俞桂书
资，在西区横山建沃西书院。有学田112亩。光绪二十四
东阳蔡汝霖掌院。他心向“戊戌变法”，耐心引导诸生，
沉迷科举，须发奋救国。光绪二十八年，改办西区公立高
学堂，宣统三年（1911）毁。
书院
林安宅改建学宫

文
斯
县学
社学
社学是古代基层教育机
多半由地方官府兴办。宋太
国时期（976–983），县令
良创立治所，全县划为8乡
42里。明洪武初，沿袭旧制
里设社学1所，共42所。选
俊秀子弟入学，延聘年高有
者为师。永乐元年（1403）
讲读《大诰》乡学1所，后
成化十年（1474），知府戴
庠生张琰为师，集诸生于石
训诲，提调官每月考督。
举或止，事不能皆一。随
院、私塾之兴起，社学、乡
逐渐湮没。

展厅实景图

社学

社学是古代基层教育机构，多半由地方官府兴办。宋太平兴国时期（976—983），县令张公良创立治所，全县划为8乡39都42里。明洪武初，沿袭旧制，每里设社学1所，共42所。选民间俊秀子弟入学，延聘年高有德儒者为师。永乐元年（1403）复设讲读《大诰》乡学1所，后废。成化十年（1474），知府戴琥令庠生张琰为师，集诸生于石佛寺训诲，提调官每月考督。嗣后或举或止，事不能皆一。随着书院、私塾之兴起，社学、乡学亦逐渐湮没。

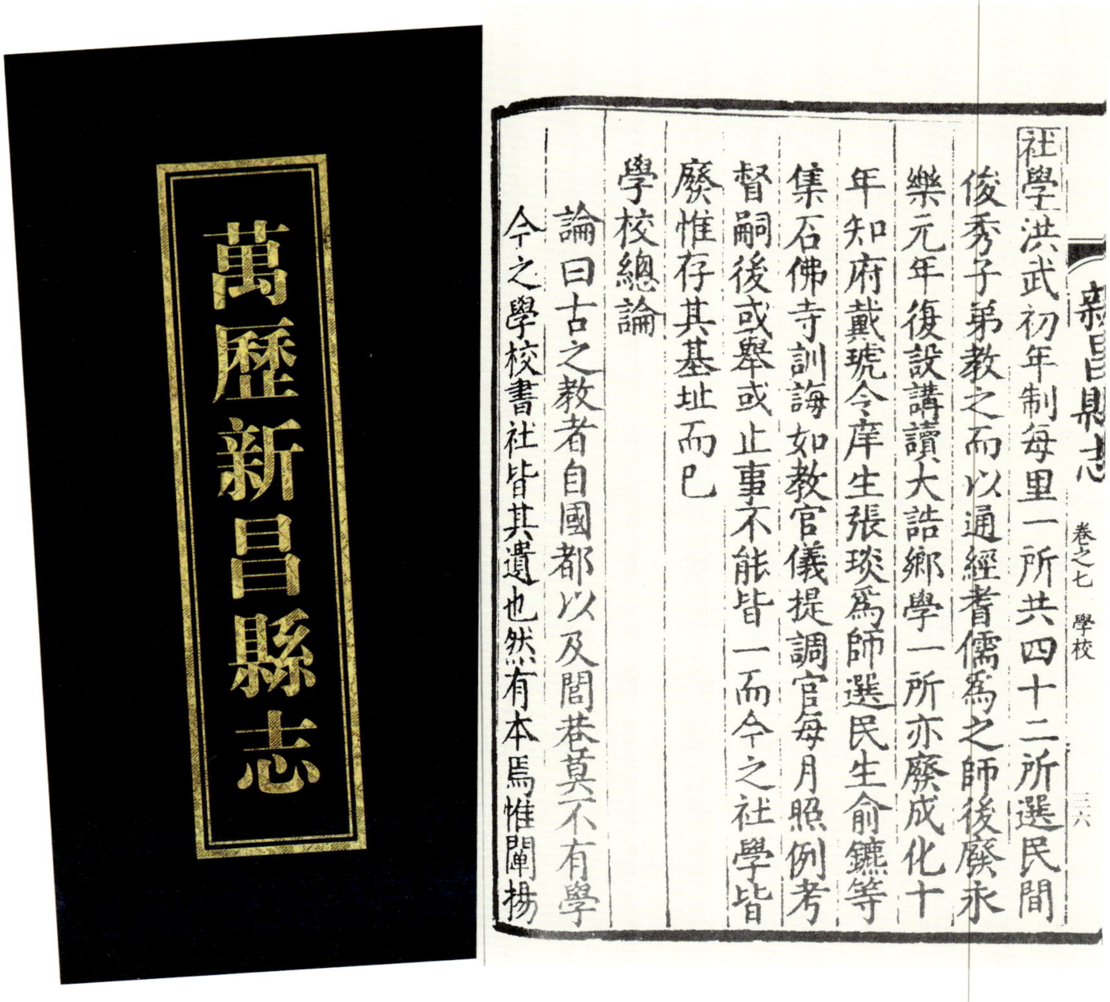

《新昌县志》

县学

县学旧称学宫，元、明、清时期也叫儒学。新昌县学原在县治东与县厅连墙。宋宣和三年（1121）毁。绍兴十四年（1144），知县林安宅择县东南一里书案山之后（今新昌实验中学所在地）重建。淳熙十年（1183），尚书盛符，捐田扩充县学基址。景定五年（1264），戴哲首任主学。明、清均设教谕、训导主学事。置赡学田380亩，作常年度支。而逢乡、会试之年，因川资无着难以就试者尝十有八九，故特设会试、乡试路费田、试卷资田及膏火田。肄业诸生，后顾无忧，课业日进。清光绪间，科举废而县学停办。

科第蝉联：明举人88名（不含武科），荐辟39名，岁贡180名。清举人68名，副贡16名，拔贡24名，恩贡岁贡184名。

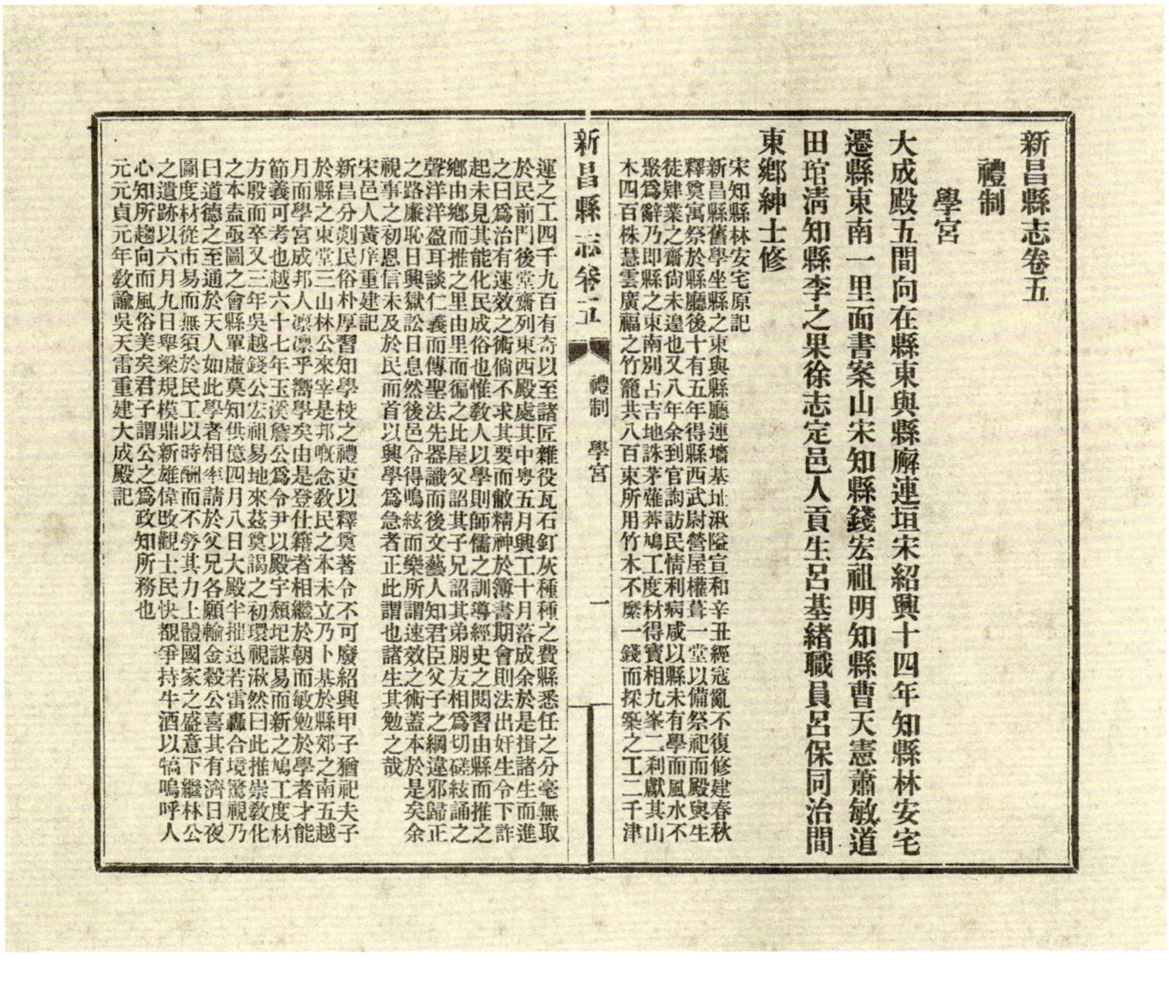
新昌縣志卷五

禮制

學宮

大成殿五間向在縣東與縣廨連垣宋紹興十四年知縣林安宅遷縣東南一里面書案山宋知縣錢宏祖明知縣曹天憲蕭敏道田琯清知縣李之果徐志定邑人貢生呂基緒職員呂保同治間東鄉紳士修

宋知縣林安宅原記

新昌縣舊學坐縣之東與縣廳連墻基址湫隘宣和辛丑經寇亂不復修建春秋釋奠寓祭於縣廳後十有五年得縣西武尉營屋權葺一堂以備祭祀而殿與生徒肄業之齋尚未遑也又八年余到官詢訪民情利病咸以縣未有學而風水不聚爲辭乃即縣之東南別占吉地誅茅薙莽鳩工度材得寶相九峯二刹獻其山木四百株慧雲廣福之竹籠共八百束所用竹木不糜一錢而採築之工二千津運之工四千九百有奇以至諸匠雜役瓦石釘灰種種之費縣悉任之分毫無取於民前門後堂齋列東西殿處其中粤五月興工十月落成余於是揖諸生而進之曰爲治有速效之術倘不求其要而敝精神於簿書期會則法出奸生令下詐起未見其能化民成俗也惟教人以學則師儒之訓導經史之閱習由縣而推之鄉由鄉而推之里由里而徧之比屋父詔其子兄詔其弟朋友相爲切磋絃誦之聲洋洋盈耳談仁義而傳聖法先器識而後文藝人知君臣父子之綱違邪歸正之路廉恥日興獄訟日息然後邑令得鳴絃而樂所謂速效之術蓋本於是矣余視事之初恩信未及於民而首以興學爲急者正此謂也諸生其勉之哉

宋邑人黃庠重建記

新昌分剡民俗朴厚習知學校之禮吏以釋奠著令不可廢紹興甲子猶祀夫子於縣之東堂三山林公來宰是邦慨念教民之本未立乃卜基於縣郊之南五越月而學宮成邦人凛凛乎嚮學矣由是登仕籍者相繼於朝而敏勉於學者才能節義可考也越六十七年玉溪詹公爲令尹以殿宇頹圮謀易而新之鳩工度材方殷而卒又三年吳越錢公宏祖易地來茲奠謁之初環視湫然曰此推崇教化之本盍亟圖之會縣單虛莫知供億四月八日大殿半摧迅若雷轟合境驚覩乃曰道德之至通於天人如此學者相率請於父兄各願輸金穀公喜其有濟日夜圖度材從市易而無須於民工以時酬而不勞其力上體國家之盛意下繼林公之遺跡以六月九日舉粲規模鼎新雄偉敢覩士民快覩爭持牛酒以犒嗚呼人心知所趨向而風俗美矣君子謂公之爲政知所務也

元元貞元年教諭吳天雷重建大成殿記

新昌縣志卷五 禮制 學宮 一

宋知县林安宅原记

民国《新昌县志》

文中记载，因县学久废，文风不振，知县林安宅念及教民之本未立，于绍兴十四年（1144）择县东南一里书案山之后重建。所用建筑材料，由宝相、九峰两寺院捐献山木四百余株，另从慧云、广福两寺院得竹笼八百余束，所用竹木不费一钱，而采筑之工二千，津运之工四千九百余，以及匠、杂役、瓦石、钉灰种种费用，均由县衙开支，没有向百姓索取。前门后堂，斋列东西，殿处其中，以五个月时间重建学宫，县人敬重，学风日盛。

学宫图

明成化《新昌县志》插图

县学正厅为大成殿5间，内悬“万世师表”“生民未有”“与天地参”“圣集大成”“圣协时中”“德如帱载”“圣神天纵”“斯文在兹”“中和位育”等匾额。左右两庑各6间，外为大成门5间，门外为泮池，上有石桥，桥外有3座棂星门，门外有复井，池旁有校房40间，殿左为名宦祠、乡贤祠各3间，忠孝祠3间，殿后为明伦堂3间，堂后尊经阁3间，堂左右为博文斋、约礼斋阁。后为崇圣祠3间，教谕衙正厅3间，房间9间。堂左为训导衙，正厅3间，房舍10间。衙后膳堂、米仓，衙前为号房。右为揭圣门，又外为县学门，门外为射圃，为月池、为屏墙。此外，还有竹简亭、观德亭、宰牲房等。每经修缮后布局略有变动。

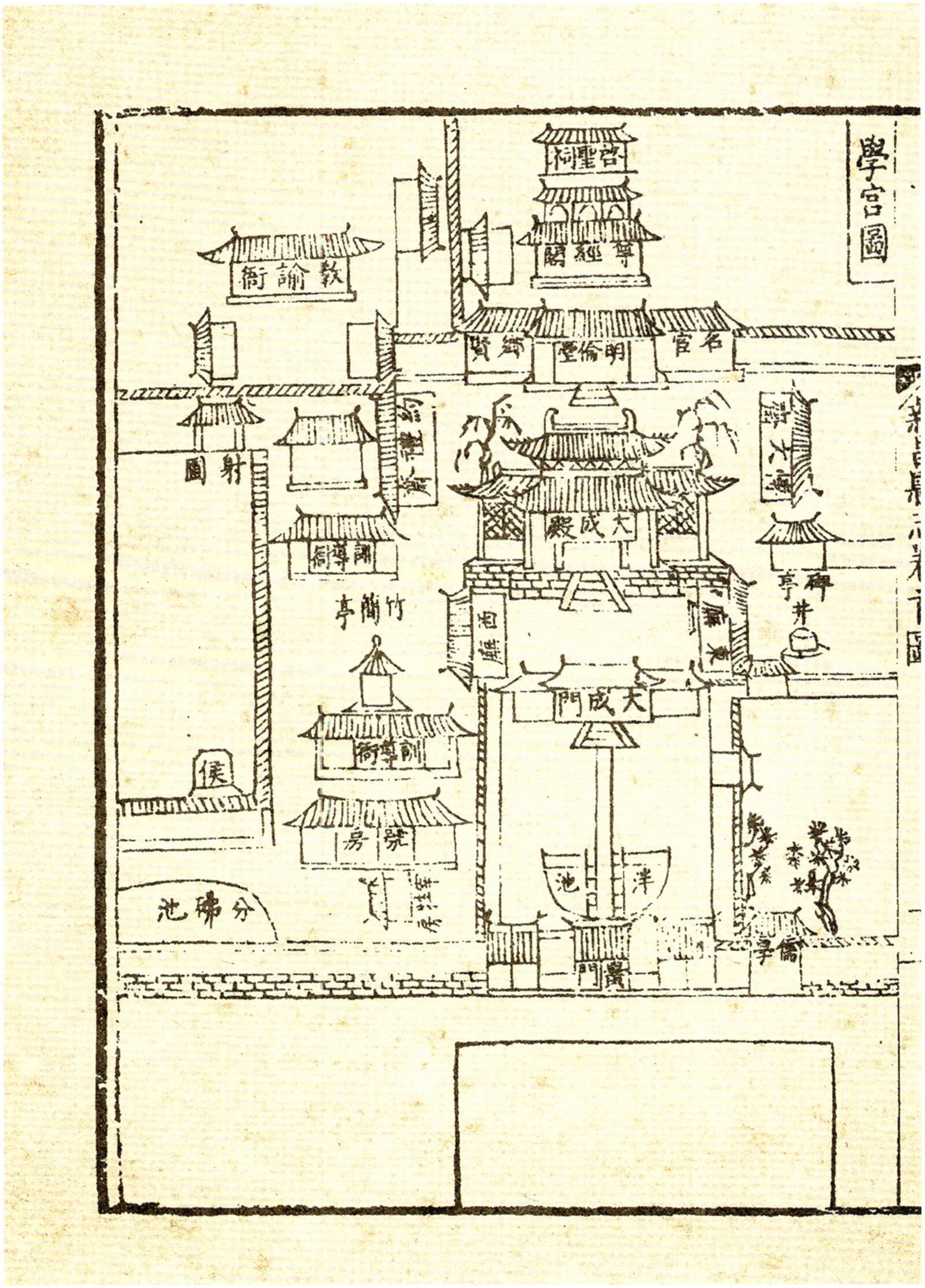

附表3 历代书堂、义塾、书院、县学概况

朝代	名称	地点	创建人	创建年代及概况
唐代	齐颤书堂	南明山		唐相齐颤读书处
宋代	石溪义塾	石溪村	石待旦	咸平二年（999）
	石鼓书堂	县西石鼓山		亚石子读书之
	鼓山书院	县西鼓山	石待旦	天禧中（1017—1021）
	县学宫	书案山之后	林安宅	绍兴十四年（1144）重建
	桂山西塾	县东平壶村	陈祖	嘉泰三年（1203）
	桂山东塾	县东平壶村	陈雷	绍定四年（1231）
	平山书堂	县西北独秀山	章一经	内藏书千卷
	平波书堂	县北一里	黄度	
	来青楼	县东陆家巷	吕嵘	刘伯温、吕不用读书处
	朱子著书楼	县南祥棠村		朱熹著书处
明代	社学	每里一所		洪武初年（1368）共42所
	乡学	不详		永乐元年（1403）全县1所
	沃洲书楼	城西皆可园	吕光洵	嘉靖二十年（1541）
	半天书院	胡卜盘山巅	胡善继	
	金岩义塾	县南韩妃村		杨信民、甄完读书处
	味澹轩	不详		潘淮读书处
	南园	驼山北面		俞则全读书处、积书千卷
	水濂书院	城西皆春堂内	潘晟	内有乐贤堂
	七芝园	城北	俞汞瑚	积书训迪子孙
	松荫园	龙岩山下	吕若愚	率子弟读书处
	万卷楼	县南宅下丁村		杨世植读书处
	浣花斋	县南宅下丁村		杨继斗读书处
	桂泉书屋	县西归得园内	吕光化	积书万卷
	尺木轩	不详		何廷谏读书处
	五山书舍	一乐堂内	何鉴	
	宿云园	县南	何缅	有藏书楼阁、为讲学处所
清代	南明书院	通会门内	曹鑑	乾隆十六年（1751）
	沃西书院	西区横山	何维贤	光绪二年（1876）

县学名额及藏书记载

民国《新昌县志》

县学生员

- 明代开始，县学生员分为廪膳生、增广生、附学生三类。
- 生员初进校享受廪米待遇的称廪膳生。
- 于廪膳生外额外录取者称增广生。
- 又额外增加的称附学生。
- 新昌县学设廪膳生员20名，增广生员20名，附学生员无额数。
- 清代设廪膳生员20名，增广生员20名，文生入学20名，武生入学12名。

县学教学内容

- 明代分礼、射、书、数四科。
- 清代主要学习“四书”“五经”，《性理大全》《大学衍义》《历代名臣奏议》《文章正宗》等书。

县学考课

- 县学不以讲学为主，而以对生员进行考课为主。
- 明代县学考试分月考、岁考、科考三类。月考由学校教官主持，岁考和科考由学官主试。
- 清代县学分岁考和科考两种，岁考每年举行一次，科考隔岁举行，均由学政主试。岁考成绩优等的可升等，附学生补增广生，增广生补廪膳生；列入劣等的依次递降。科考成绩优等的允许参加乡试。

书院

书院原为藏书和修书之地。唐末五代之后，成为讲学之所。明代前以私立为主，书院多由富商、学者自行筹款，于山林僻静之处建学舍，或置学田收租，以充经费，至清代多属官立。书院设“山长”，总揽行政事务。儒者多在书院讲学，学生数十百人不等。书院一方面在私塾、义学、家塾等初级启蒙教育基础上进一步深造士子；另一方面，也是传承和发展学术文化的研究机构。书院多藏书，便于学生研究。

新昌县内知名书院有三所：鼓山书院，南明书院，沃西书院。

南明书院

清乾隆十六年（1751），知县曹鋆与县内绅士购入西云庵基创办南明书院（又名振文书院，今南明小学校址）。书院内立讲堂、敬业堂、冰壶堂、凌云阁等三十余间。有学田三百余亩做书院经费。聚生徒数十人，延聘名师掌教。延科甲名师议立规章，设绅士四人董其事，经管院产，所用经费年底统一结算。董事三年一换，以防舞弊。咸丰十一年（1861）毁于兵火。光绪二十八年（1902），知县侯森琫委任吕衷谦、吕仁湄募捐重建，改办县立高等小学堂。

沃西书院

清光绪二年（1876），由西乡绅士何维贤、黄琮、俞桂书等捐资，在西区横山建沃西书院。有学田112亩。光绪二十四年（1898），东阳蔡汝霖掌院。他心向“戊戌变法”，耐心引导诸生，不要沉迷科举，须发奋救国。光绪二十八年（1902），改办西区公立高等小学堂，宣统三年（1911）毁。

清乾隆 新昌县南明书院碑记

新昌县南明书院碑记

由剡溪入新昌，有山曰南明，形如屏立，其下有隙地□为昔□邑令曹君鏊蠲俸售之□□□□□□书院，凡三十余舍，栋宇崇闳，丹雘炳耀，可聚生徒数十人，延□□□□□□□给膏火，扩大雷庄□□□三十亩，以充其用，颜曰：“南明书院”，属余为之记。余惟先王本□□礼乐经术，以造□□士大夫□□□□□□庠序之师，至于闾胥族师，什伍之所鼓箧而从者，亦无不命于上。今之书院，犹是奇□□不□□□□地，英丽清淑，宜遴都人士于此，即山陬小邑，亦当使提函负帙之士，读书致用，毋使九□□□□□□□观是，即兴贤举能之所由此出也。新昌为绍郡属邑，明自永乐至嘉靖，人物尤盛，若吕章、俞钦、何鑑、刘忠器、俞集、吕光洵、吕继儒之属。或矢心经济，治多惠泽；或博学多闻，名重儒林。其流风未远也，何至今罕闻欤？考诸邑志，宋时有万卷堂、克斋等义塾；明成化十年（1474），郡守为选庠生，集佛寺训诲，如教官仪。其后渐□，此人于□由散失欤。曹君政尚朴诚，既精于吏职，而尤以作人为先务，故能经营书院，俾经讲之声遍于□阙。□即范纯仁之知襄邑，为营学田；陈襄之知仙居，谕遣子弟就学之遗意欤！盖□者政教合一，故守令即师，帅后世，急簿书，缓教化，咸以其责诿诸学官，求能建立宏规垂诸永久，如曹君者可多得欤？□士□□□磨，将见人材彬彬称盛，此岂独邑令所嘉奖，抑亦视学兹土者所厚望也。用述其事，且冀后之人守□□替云。

乾隆十八年（1753）岁次癸酉仲春月上浣之吉

赐进士及第、诰授光禄大夫、提督浙江学政、吏部右侍郎、加一级，长洲彭启丰撰。

清嘉庆　建南明书院碑记

新邑多名山水，钟毓秀灵，宋明称最。理学文章，麟麟炳炳，咸有师承。在昔石氏、陈氏各创家塾，培植人才。我朝前邑令曹君鋆，于乾隆辛未（1751），得邑西谯门之内基址数楹，建立义塾，因颜其额曰：南明书院。清理湮没公捐田三百余亩；延科甲名师，议立规条；设绅士四人董其事，三年一换，载诸碑记及书院志者，区划本善。后又重定章程，以期无弊。兹据邑令徐君杰详称：前经举贡生监俞培因、余鸿翱、陈朝玑、王琦、吕嘉谟、俞树蕿、吕炳曙、俞平、陈曦等禀请，饬县勒石。余据详仰即立案，复请予为之记。因详考嘉庆壬戌（1802）岁，李君品镐署篆斯邑，以课书院为急务，进绅士而参酌之，定为六堡轮管。自旧东镇始，即点定董事捐职州同陈珺、试用训导陈榭篑、咨部优行廪生俞思冏、太学生陈兆毅等承办。嗣后六堡轮流，照院志所载，董事四人，三年一换，其经费出入，每年解馆，后集合邑绅士及新旧董事，公同算明，支销各款外，岁有赢余，增置田亩，仍为书院公用，朗载官印书院堂簿，无任后起紊坏。此壬戌以来，董事诸君洁己办公，□碑传诸道路者也。其他好义乐施出于一家，若陈珺捐己田一十亩，为文武科举生员乡试路费；及陈榭篑将己资捐桌一百二十张、凳一百二十条，复于书院侧，出己资构屋六楹，庋置桌櫈，为县试童生考用；又伊胞兄太学生陈朝椿，于伊父太学生陈克淳名下捐田五亩，并己名下捐田十亩，共一十五亩，为文武童生岁科县试正覆卷费。统计陈珺等所捐，一并归南明书院董事承办，以后逐巡交代，此皆有裨于学校，尤可嘉尚。瓜期将届，代者有人，踵而行之，匪惟无失旧规，行且扩而大之，与蕺山姚江相望，岂第义塾乎哉！余故乐记其事，以垂永久云。

钦命□部左侍郎提督浙江全省学政加三级吴县潘世恩撰。

嘉庆十年（1805）十一月　日

（捐助芳名略）

书院生徒

书院生徒分两类：

一类是已考中的生员，每月定期到书院听讲，送文章、诗词给先生批改，准备参加乡试，称“文生课”；另一类是经过考试，连拨成绩优秀的童生，入学后经常在书院学习，以备应考，称“童生课”。

书院生徒分正课、附课、随课三个等级。

正课生徒每月膏火费各三两（银），附课各一两，随课无膏火费。

每月进行官课、院课两种校课，课考评分按名次排列，可升降原有等级。

书院教学

1. 书院无固定学制和修业年限。

2. 教学内容除诵读“四书”“五经”，学作八股文章外，还选读《四书解义》《圣谕广训》《乐善堂全集》《四书讲义》等书籍。

3. 教学方法主要是学生自学，生徒间共同讲习和先生指导。每月进行科试，作科举的准备。此外，还考试诗词及策论，称为小课。在身心养上躬行实践，特别注重道德修养。教师重视身教，以自勉自任。

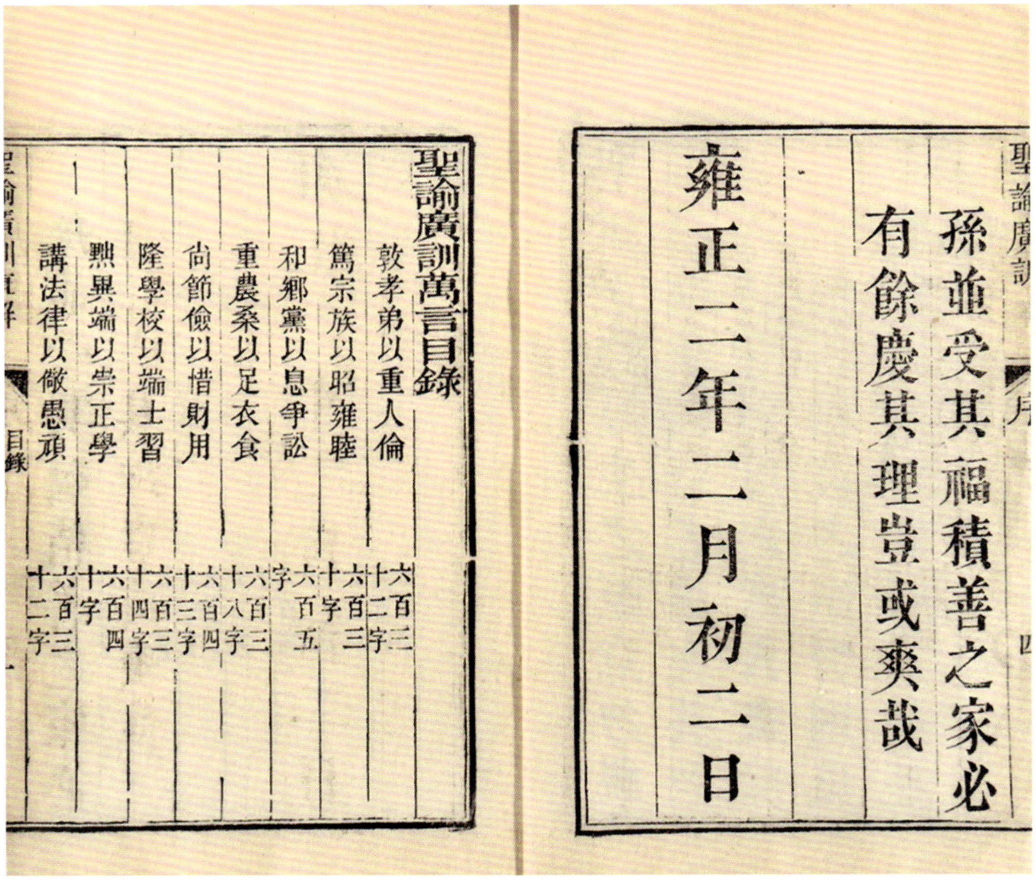
聖諭廣訓 序 四

孫並受其福積善之家必
有餘慶其理豈或爽哉

雍正二年二月初二日

聖諭廣訓萬言目錄

敦孝弟以重人倫 六百三十二字
篤宗族以昭雍睦 六百三十字
和鄉黨以息爭訟 六百五字
重農桑以足衣食 六百三十八字
尚節儉以惜財用 六百四十三字
隆學校以端士習 六百三十四字
黜異端以崇正學 六百四十字
講法律以儆愚頑 六百三十二字

目錄

《圣谕广训》

端砚

南宋（1127—1279）
高9.7厘米，长17.8厘米，宽10.3厘米
1972年11月新昌县城南乡丁村南宋淳熙元年（1174）墓出土
新昌博物馆藏

文房用品。抄手式端砚，长方形，砚面一端挖墨槽，边沿起缘，底足内削，尾部底空，无使用痕迹。

鹿钮冻石印

南宋（1127—1279）
高3.4厘米，印长2.2厘米，宽1.9厘米
1972年11月新昌县城南乡丁村南宋淳熙元年（1174）墓出土
新昌博物馆藏

印章方锥形，印面刻有阴文篆体“盧遹”两字，刀法古朴苍劲，笔力雄厚，印上端为仰天鹿钮。莹润米黄冻石质，有学者提出其石料材质似浙江天台宝华石。古代多用铜、玉为印材，根据有关史料记载，元代以后才出现用石材刻私印，此印的出土面世，将石印历史进一步向前推进，所以具有较高的历史研究价值。

卢遹（1119—1174），字德庄，湖州德清人，南宋时曾任郴州通判。

鼓形石镇

南宋（1127—1279）
高2厘米，直径7厘米
1972年11月新昌县城南乡丁村南宋淳熙元年（1174）墓出土
新昌博物馆藏

文房用品。扁圆形，素面微鼓，侧边周饰上、下两排乳钉，间以云纹。石质青白。

狮形乌石镇纸

南宋（1127—1279）
长7厘米，头高3.5厘米，尾高3厘米
1972年11月新昌县城南乡丁村南宋淳熙元年（1174）墓出土
新昌博物馆藏

文房用品。两只石狮左右相向成对，前蹄交叉，头向左（右）与尾部相盘，呈卧状，底平。两眼圆睁、阔口露齿、高鼻，后蹄被尾遮住。颈、尾有狮毛纹，鬃毛蓬松，略卷。浑身黑色锃亮。

龙蝠纹端砚

清（1644—1912）
长14.6厘米，宽11.5厘米，厚2.3厘米
新昌博物馆藏

文房用品。端石，砚首以云纹装饰，雕有龙首、蝙蝠、屋、树等图案，龙首下有两颗石眼，整体画面与砚池浑然一体。砚台背面刻有宋末元初诗人方回的《惜砚中花》，落款是黄莘田识。外附红木盖盒。

黄任（1683—1768），字于莘，又字莘田，因喜藏砚，自号十砚老人、十砚翁，清代著名诗人、藏砚家，永福（今福建永泰县）人。康熙四十一年（1702）举人，官广东四会知县，罢官归，船中所载唯砚石。归里后生活清苦。工诗，以轻清流丽为时人所称，七绝尤负盛名。著有《秋江集》《香草笺》。

“读未见书句”铜印

清（1644—1912）
长3.3厘米，宽3.3厘米，厚0.2厘米
新昌博物馆藏

印章。正方形，印面刻有四列阳刻篆体“读未见书，如逢良友；读已见书，如遇故人。”共16个字。出自清代金缨所著《格言联璧》。

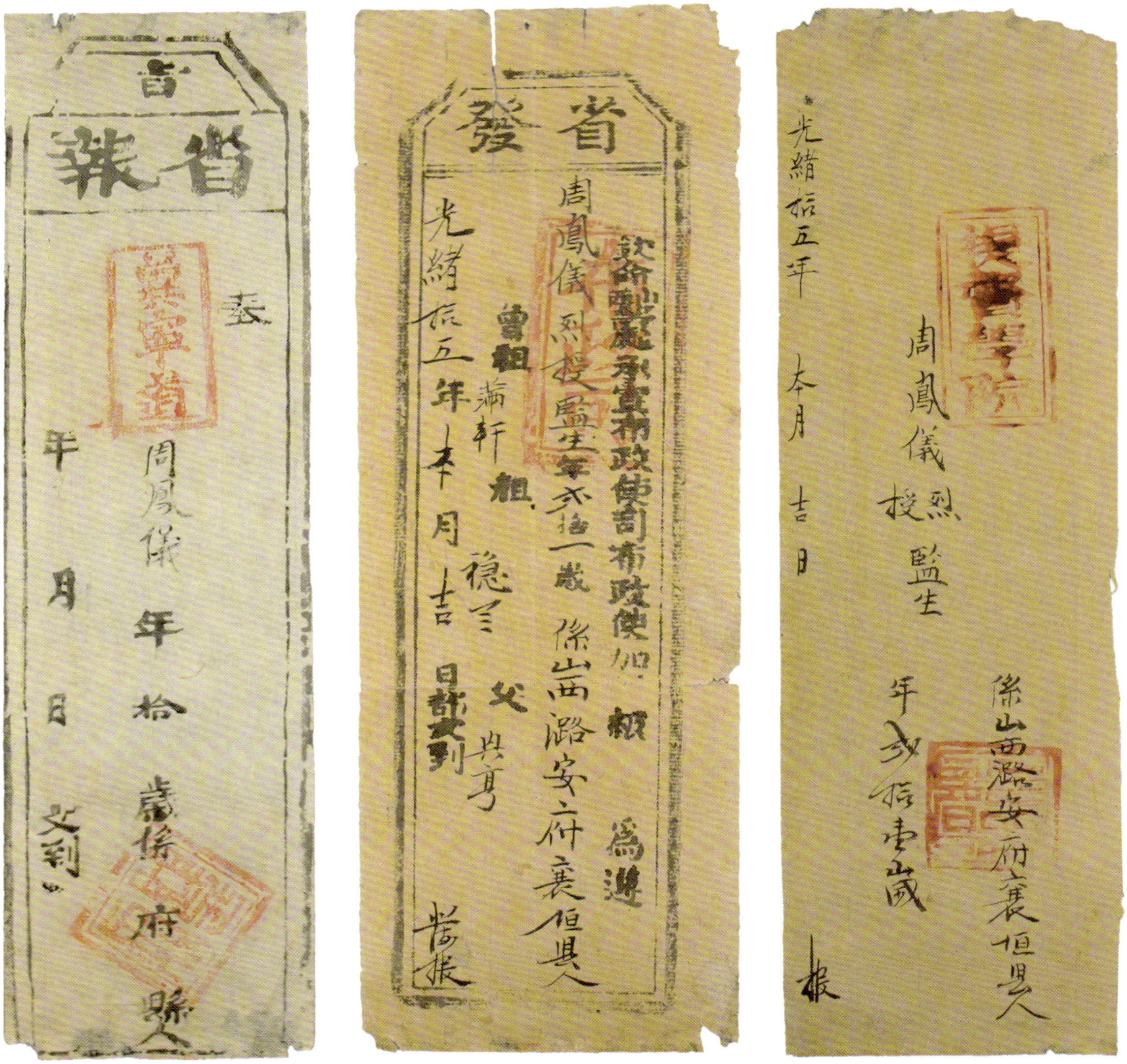

周凤仪读书凭证

清光绪（1871—1908）
长27.8—28.6厘米，宽8—9.4厘米
新昌博物馆藏

内容共三联，分释如下：

联一：省报　奉翼宁道周凤仪　年　拾　岁系　府　县人　年　月　日　文到；

联二：省发　钦命山西等处承宣布政使司布政使加　级　为遵　周凤仪烈授监生年贰拾一岁　系山西潞安府襄垣县人　曾祖满轩　祖稳　父兴亨　光绪十五年本月吉日计文到　发报

联三：周凤仪授烈监生　系山西潞安府襄垣县人 年贰拾壹岁　光绪拾伍年本月吉日　报 上印：提督书院。

蕺山书院证书

清光绪庚辰年（1880）
长95.2厘米，宽27.5厘米
新昌博物馆藏

证书共一张，全文以楷书书写，内容涉及：学生姓名、书院印章、该生名次、肄业朱印、卷文。边款时间为光绪庚辰年（1880）六月。

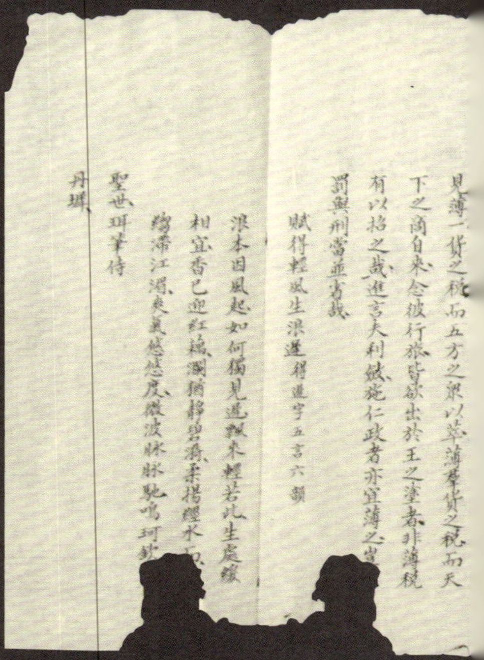

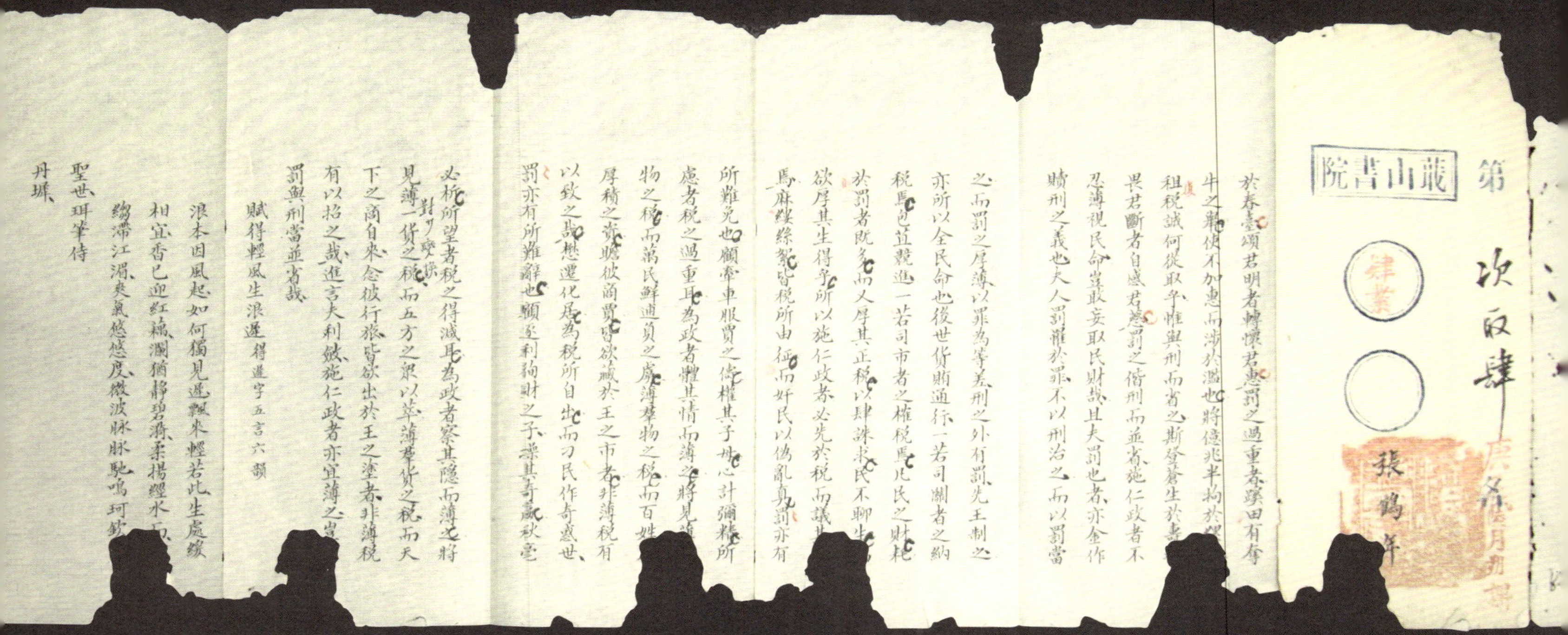

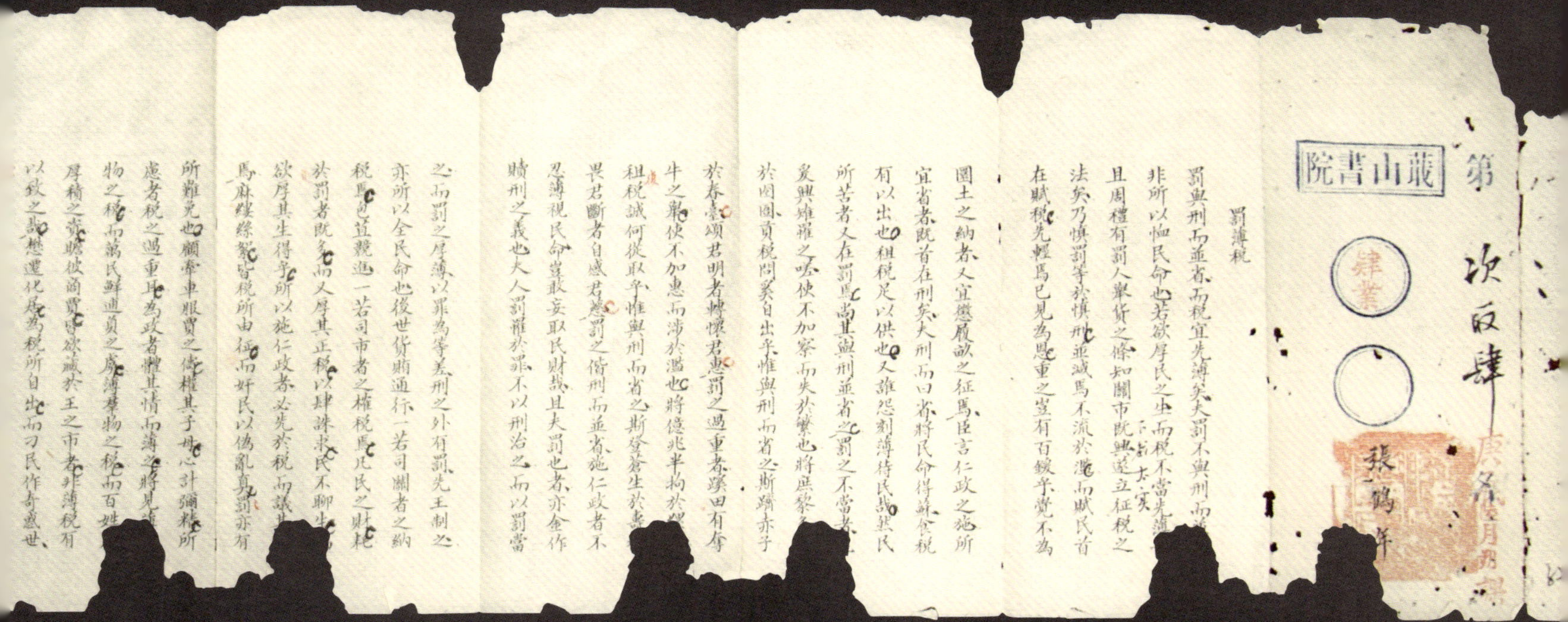
蕺山書院
第 次 戌肆
肆業
張鴻年

罰薄稅

罰與刑而並省，而稅宜先薄矣。夫罰不與刑而[illegible]
非所以恤民命也。若欲厚民之生，而稅不當先薄[illegible]
且周禮有罰人舉貨之條，知關市既興，遂立征稅之
法矣。乃慎罰等於慎刑，並減焉不流於濫，而賦民首
在賦稅，先輕焉，已見為思重之豈有百鍰乎，覺不為
圖土之納者，又宜懲履畝之征焉。臣言仁政之施，所
宜省者，既首在刑矣。夫刑而曰省，將民命得蘇，食稅
有以出也，租稅足以供也，又誰忍刻薄待民哉。然民
所苦者，又在罰焉，尚其與刑並省之。罰之不當者[illegible]
爰興雉羅之嗟，使不加察，而失於繁也，將庶黎[illegible]
於國圓貢稅問奚自出乎，惟與刑而省之，斯蹐赤子
於春臺，頌君明者，轉懷君惠。罰之過重者，蹊田有奪
牛之戚，使不加惠而涉於濫也，將億兆半拘於縲[illegible]
租稅誠何從取乎，惟與刑而省之，斯登蒼生於壽[illegible]
畀君斷者，自感君慈。罰之儕刑而並省，施仁政者不
忍薄視民命，豈敢妄取民財哉。且夫罰也者，亦金作
贖刑之義也。大人罰罪於罪，不以刑治之，而以罰當
之，而罰之厚薄，以罪為等差，刑之外有罰，先王制之，
亦所以全民命也。後世貨賄通行，一若司關者之納
稅焉，也苴觀逃，一若司市者之権稅焉，凡民之財耗
於罰者既多，而又厚其正稅以肆誅求，民不聊生[illegible]
欲厚其生，得乎。所以施仁政者，必先於稅而議[illegible]
焉。麻縷絲絮，皆稅所由征，而奸民以偽亂真，罰亦有
所難免也。顧牽車服賈之儕，權其子母，心計彌精，所
慮者稅之過重耳。為政者體其情而薄之，將見貨
物之稅，而萬民鮮遺負之虞；薄舉物之稅，而百姓[illegible]
厚積之資，贍彼商賈，皆欲藏於王之市者，非薄稅有
以致之哉。懋遷化居，為稅所自出，而刁民作奇惑世，

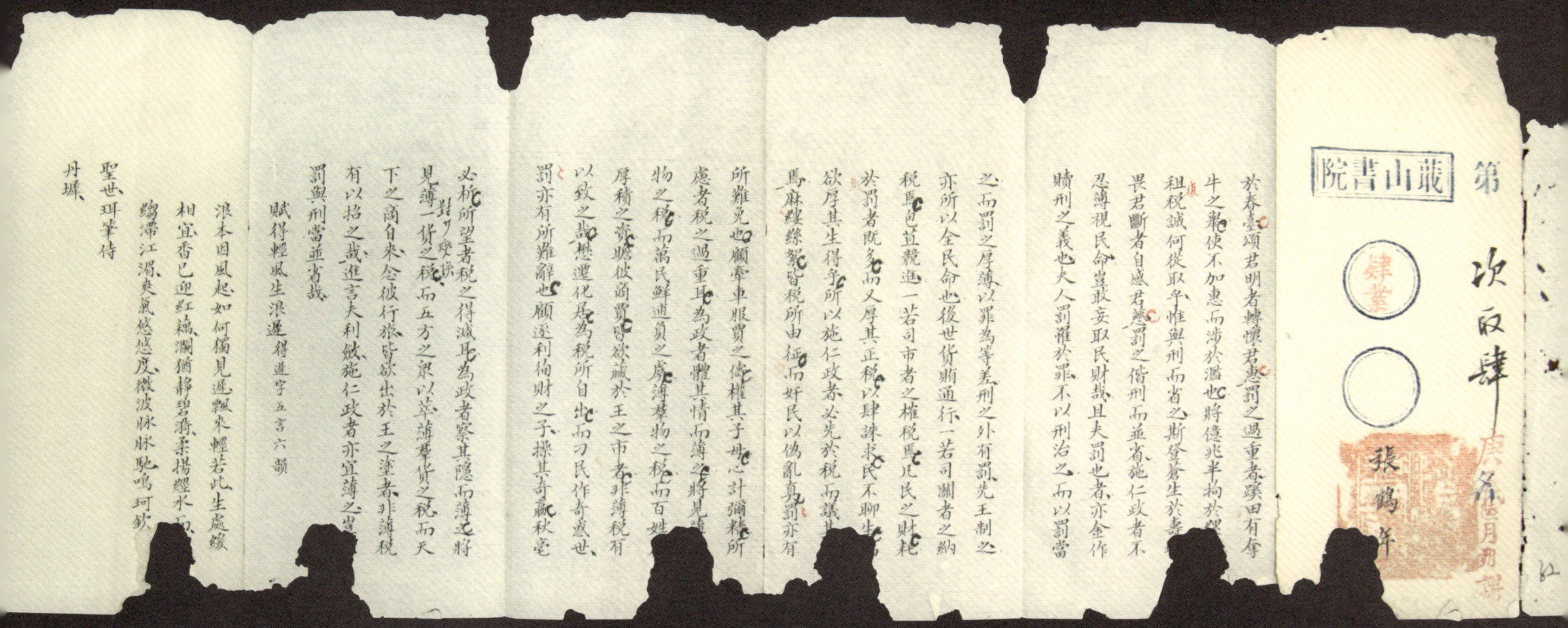
蕺山書院
第 次 戌肆
肆業
張鴻年
於春臺，頌君明者，轉懷君惠。罰之過重者，蹊田有奪
牛之戚，使不加惠而涉於濫也，將億兆半拘於縲[illegible]
租稅誠何從取乎，惟與刑而省之，斯登蒼生於壽[illegible]
畀君斷者，自感君慈。罰之儕刑而並省，施仁政者不
忍薄視民命，豈敢妄取民財哉。且夫罰也者，亦金作
贖刑之義也。大人罰罪於罪，不以刑治之，而以罰當
之，而罰之厚薄，以罪為等差，刑之外有罰，先王制之，
亦所以全民命也。後世貨賄通行，一若司關者之納
稅焉，也苴觀逃，一若司市者之権稅焉，凡民之財耗
於罰者既多，而又厚其正稅以肆誅求，民不聊生[illegible]
欲厚其生，得乎。所以施仁政者，必先於稅而議[illegible]
焉。麻縷絲絮，皆稅所由征，而奸民以偽亂真，罰亦有
所難免也。顧牽車服賈之儕，權其子母，心計彌精，所
慮者稅之過重耳。為政者體其情而薄之，將見貨
物之稅，而萬民鮮遺負之虞；薄舉物之稅，而百姓[illegible]
厚積之資，贍彼商賈，皆欲藏於王之市者，非薄稅有
以致之哉。懋遷化居，為稅所自出，而刁民作奇惑世，
罰亦有所難辭也。顧逐利徇財之子，操其奇贏，秋毫
必析，所望者稅之得減耳。為政者察其隱而薄之，將
見薄一貨之稅，而五方之眾以萃；薄舉貨之稅，而天
下之商自來。念彼行旅，皆欲出於王之塗者，非薄稅
有以招之哉。進言夫利斂施仁政者，亦宜薄之，豈
罰與刑當並省哉。

賦得輕風生浪遲 得遲字五言六韻

浪本因風起，如何獨見遲。飄來輕若此，生處緣
相宜。香已迎紅藕，瀾猶靜碧漪。柔揚經水面，
縈滯江湄。爽氣悠悠度，微波脉脉馳。鳴珂欽
聖世，珥筆侍
丹墀。

科举人生

肆 科举人生

科举制度是中国古代通过考试选拔官吏的制度。由于采用分科取士的办法，所以叫作科举。从隋朝开始直至清末，中国的科举制度延续了一千三百余年，彻底打破血缘世袭关系和世族的垄断，使部分社会中下层有能力的读书人获得施展才智的机会，在中国的历史上留下了深深的烙印。

在封建社会，科举人才的多少是衡量当地文化兴衰的重要标志。在古代越州或绍兴府所属八县中，新昌县建置最晚，县境较为偏僻，历来是绍属小县。但新昌历代以来科第连绵，高中状元者五人，登文武进士第者二百零一人，位列绍兴前茅。

隋朝
中国古代科举制度的起源
中国古代科举制度最早起源于隋代。
隋朝统一全国后，
为了适应封建经济和政治关系的发展变化，
为了扩大封建统治阶级参与政权的要求，
加强中央集权，于是把选拔官吏的权力收归中央，
用科举制代替九品中正制。
隋炀帝于大业元年创立进士科举，即狭义科举。
科举的出现是官员选拔制度追求公平的结果，
是中国古代政治文明的一大进步。
隋炀帝
唐朝
中国古代科举制度的完备
唐朝承袭了隋朝传下来的人才选拔制度，
并做了进一步的完善。由此，科举制度逐渐完备起来。
在唐代，考试的科目分常科和制科两类。
每年分期举行的称常科，
由皇帝下诏临时举行的考试称制科。
常科
制科
武则天
宋朝
中国古代科举制度的改革时期
自宋太祖赵匡胤起，通过糊名誊录、
锁厅试和别头试等一系列的制度建设，
不仅以考生答卷优劣成为录取与否的最主要依据，
而且为考生提供公平的竞争环境，
使科举尽可能实现公正。
至南宋时期，尽管统治疆域局限在长江以南，
然而朝廷不但继续沿用科举取士，
而且还加强了制度建设，
使其成为影响广大知识分子的最重要制度之一。
张孝祥

展厅实景图

科举制度

科举制度从隋炀帝大业三年（607）的进士科算起到光绪三十一年（1905）正式废除，延续了一千三百年，成为世界上延续时间最长的选拔人才的方法。

科举制度的主要考试都是定期举行，士子应举原则上允许自己报名参加，不必非得由公卿大臣或州郡长官特别推荐，这一点是科举制最主要的特点，也是与察举制最根本的区别。科举制改善了用人制度，使拥有才识的读书人有机会进入各级政府任职。同时，促进了教育事业和文化艺术的发展，士人读书之风日盛。

隋 朝 中国古代科举制度的起源	中国古代科举制度最早起源于隋朝。隋朝统一全国后，为了适应封建经济和政治关系的发展变化，为了扩大封建统治阶级参与政权的要求，加强中央集权，于是把选拔官吏的权力收归中央，用科举制代替九品中正制。隋炀帝于大业三年（607）创立进士科举，即狭义科举。科举的出现是官员选拔制度追求公平的结果，是中国古代政治文明的一大进步。
唐 朝 中国古代科举制度的完备	唐朝承袭了隋朝传下来的人才选拔制度，并做了进一步的完善。由此，科举制度逐渐完备起来。在唐代，考试的科目分常科和制科两类。每年分期举行的称常科，由皇帝下诏临时举行的考试称制科。武则天时期开创武举，并将唐高宗开创的殿试制度化，形成惯例，此后历朝历代皇帝都举行殿试，进士们自豪地称自己为“天子门生”。
宋 朝 中国古代科举制度的改革时期	自宋太祖赵匡胤起，通过糊名誊录、锁厅试和别头试等一系列的制度建设，不仅以考生答卷优劣成为录取与否的最主要依据，而且为考生提供公平的竞争环境，使科举尽可能实现公正。至南宋时期，尽管统治疆域局限在长江以南，然而朝廷不但继续沿用科举取士，而且还加强了制度建设，使其成为影响广大知识分子的最重要制度之一。
元明时期 中国古代科举制度的鼎盛时期	元代开始，科举考试进入中落时期，但以四书试士却是元代所开的先例。 明朝时期科举制达到鼎盛时期，统治者对科举高度重视，科举方法之严密也超过了以往历代。 明成祖朱元璋于洪武三年（1370）下诏实行科举，后停用，改为征荐取士。十五年（1382）再次恢复科举。通过比较征荐与科举，朱元璋最终选择了以科举作为选官的最主要制度。明代在借鉴前朝科举的基础上，订立了号称为“永制”的科举程式。
清 代 中国古代科举制度的灭亡	清代的科举制度与明代基本相同，但它贯彻的是民族歧视政策。满人享有种种特权，做官不必经过科举途径。清代科举在雍正前分满汉两榜取士，旗人在乡试、会试中享有特殊的优待，只考翻译一篇，称翻译科。后改为满人、汉人同试，以汉人居多。 1905年9月2日，袁世凯、张之洞奏请立停科举，以便推广学堂，以实学为主。清廷诏准自1906年开始，所有乡会试一律停止，各省岁科考试亦即停止。从此，在我国延续了1300年的科举制正式废除。

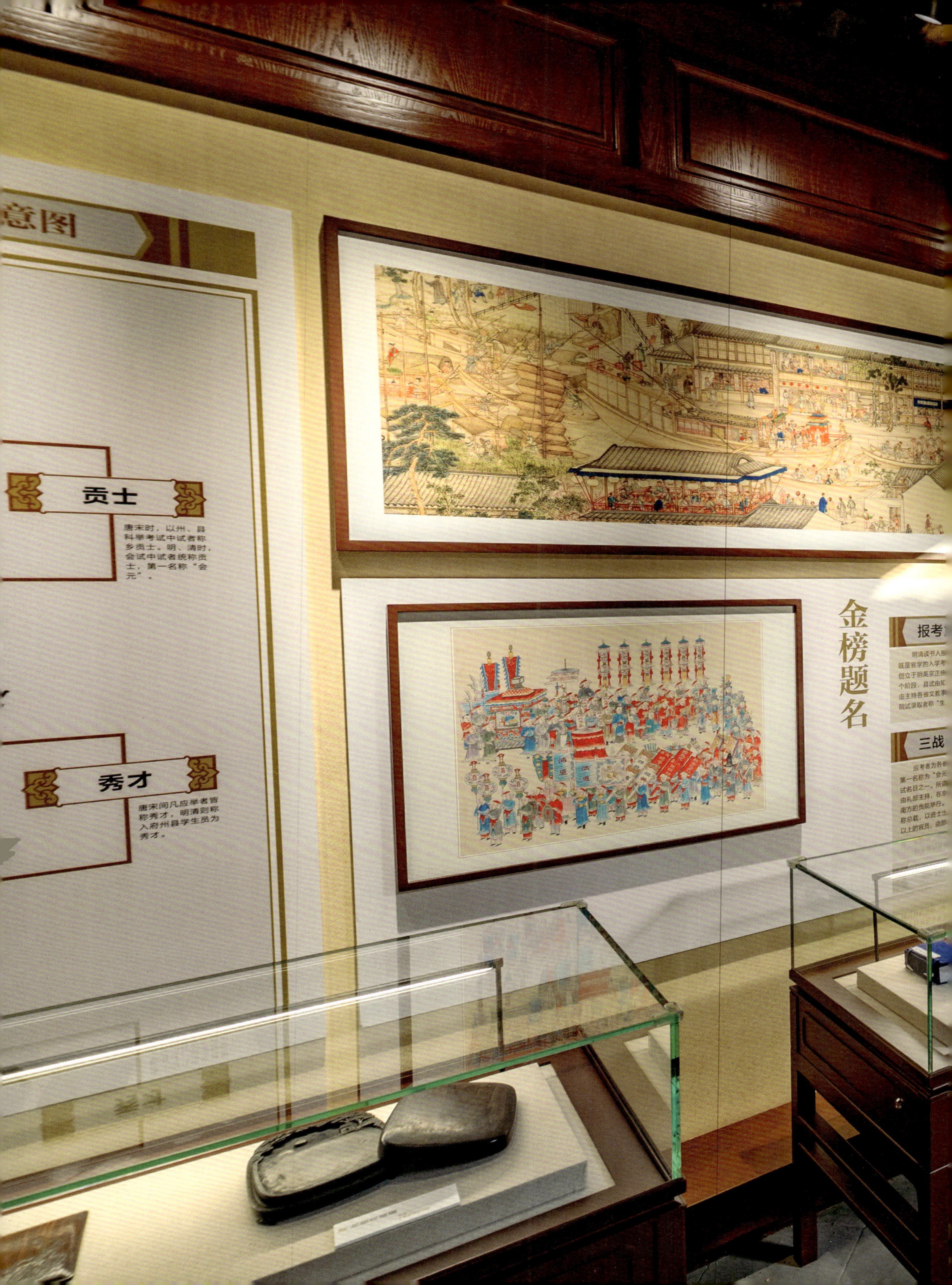
意图
贡士
唐宋时，以州、县科举考试中试者称乡贡士。明、清时，会试中试者统称贡士，第一名称“会元”。
秀才
唐宋间凡应举者皆称秀才，明清则称入府州县学生员为秀才。
金榜题名
报考
三战

展厅实景图

金榜题名

到明朝时期，科举考试已经形成了完备的制度，共分四级：院试（即童生试）、乡试、会试和殿试，考试内容基本是儒家经义，以“四书”文句为题，规定文章格式为八股文，解释必须以朱熹《四书集注》为准。

报考童试晋秀才	明清读书人报考之后，需要先参加童试，童试既是官学的入学考试，也是科举的预备考试。童试创立于明英宗正统元年（1436），包括县试、府试和院试三个阶段，县试由知县主持，府试由知府主持，院试由主持各省文教事务的提学官（又称学政）主持。院试录取者称“生员”，俗称“秀才”。
三战会试夺会元	应考者为各省的举人，录取者称为“贡士”，第一名称为“会元”。会试，金元明清四代科举考试名目之一。所谓会试者，共会一处，比试科艺。由礼部主持，在京师举行考试。会试在北京内城东南方的贡院举行。会试的主考官四人（明代为两人）称总裁，以进士出身的大学士、尚书以下副都御史以上的官员担任，由部都请派充。
再战乡试始中举	乡试始于元代。乡试是明清时期在南京、北京及各省省会举行的选拔举人正式科举考试的第一级考试。通过科试的生员有资格在本省（国子监生可在顺天贡院）参加乡试，考中者称“举人”。乡试是明清改变士人命运最关键的考试。
激战殿试及状元	殿试是科举中最高一级的考试，因由皇帝亲自主考，又称御试、亲试。明清殿试只考策问，时间为一天，日暮交卷封存。至阅卷日，分交读卷官轮流传阅，评选佳卷，进呈皇帝，钦定御批。殿试后分为三甲：一甲三名赐进士及第，通称状元、榜眼、探花；二甲赐进士出身，第一名通称传胪；三甲赐同进士出身。

清代科举考试程序示意图

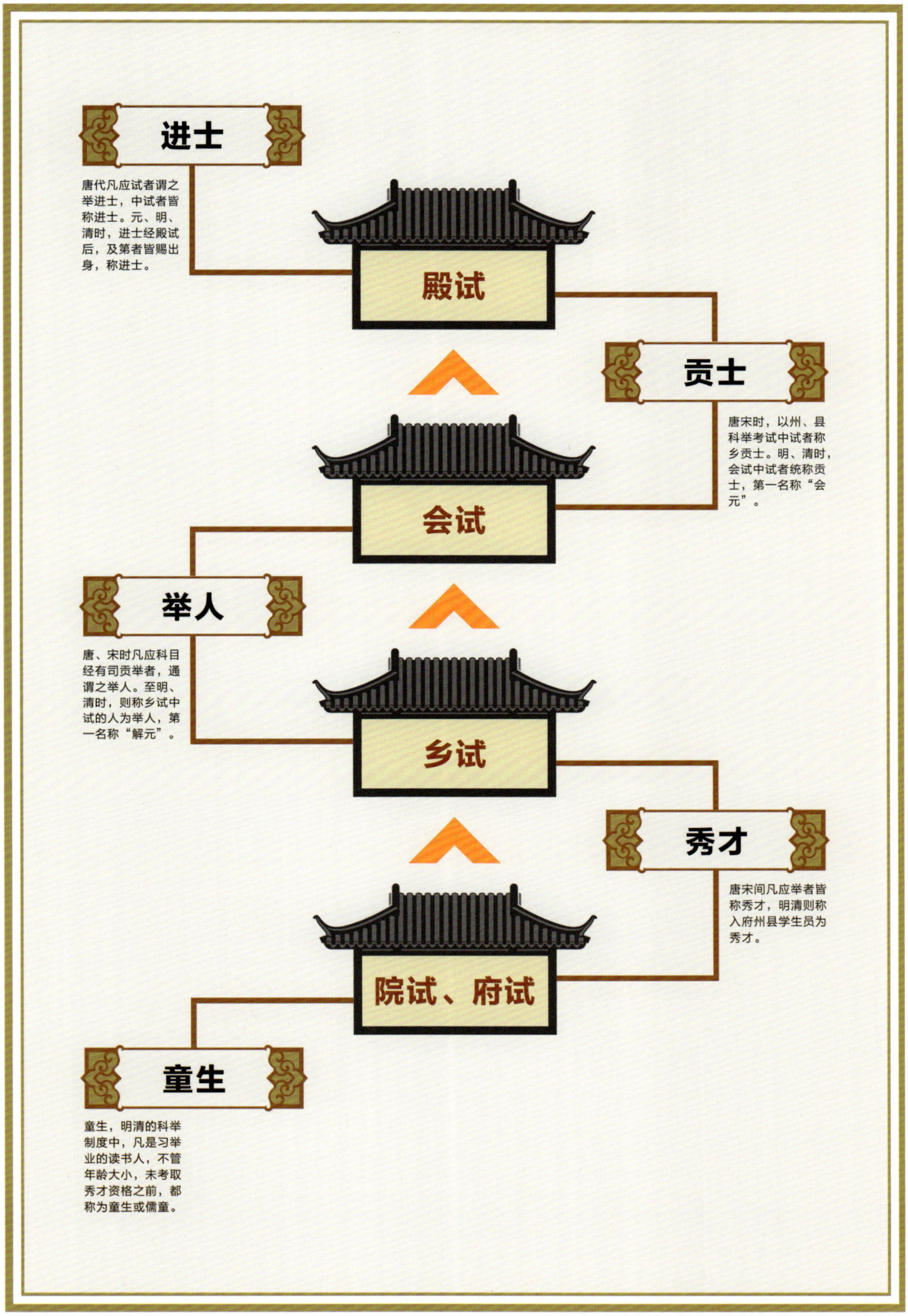

新昌状元名录

熙宁十年（1077）：黄谌

宣和三年（1121）：石公辂

绍兴二年（1132）：石公辙

嘉定四年（1211）：石继喻

宝祐元年（1253）：姚勉

新昌进士名录

唐代（618—907）

开元二十九年（741）：梁瀚

五代（907—960）

梁国璋、俞承休、石渝、石渥、石延俸、胡公霸

宋代（960—1279）

咸平二年（999）己亥科孙暨榜：陈捷、石待问

景德二年（1005）乙巳科李迪榜：董遂良

天禧三年（1019）己未科王整榜：石待旦、胡仲元

天圣五年（1027）丁卯科王尧臣榜：石待举、吴贤、石待致、石元之

景祐元年（1034）甲戌科张唐卿榜：石亚之

宝元元年（1038）戊寅科吕溱榜：石温之

庆历二年（1042）壬午科杨真榜：石牧之、石衍之、石象之、袁毂

庆历六年（1046）丙戌科贾黯榜：梁佐

皇祐元年（1049）己丑科冯京榜：王醇、石麟之

嘉祐二年（1057）丁酉科章衡榜：石深之、石景渊

嘉祐六年（1061）辛丑科王俊民榜：袁毂

治平四年（1067）丁未科许安世榜：梁兴、黄兑

熙宁六年（1073）癸丑科余中榜：石景衡、石景略

熙宁年间（1068—1077）：丁载

元丰二年（1079）己未科时彦榜：石景术

元丰五年（1082）壬戌科黄裳榜：黄诏、石景衔

元丰八年（1085）乙丑焦蹈榜：梁构

元丰年间（1078—1085）：丁职

元祐六年（1091）辛未科马涓榜：石公弼

绍圣元年（1094）甲戌科毕渐榜：梁休泰

元符三年（1100）庚辰科李釜榜：石端中

崇宁二年（1103）癸未科霍端友榜：石彦和

崇宁五年（1106）丙戌科蔡嶷榜：石端诚、潘彬

大观三年（1109）己丑科贾安宅榜：石公恕

政和二年（1112）壬辰科莫俦榜：石公揆、朱聪、梁有严

宣和三年（1121）辛丑科何涣榜：石嗣庆、梁有矜、梁仲敏

宣和年间（1119—1125）：吕定

建炎二年（1128）戊申科李易榜：梁仲宽

绍兴二年（1132）壬子科张九成榜：石袭庆

绍兴五年（1135）乙卯科汪应辰榜：石师能

绍兴十五年（1145）乙丑科刘章榜：石墪、梁仲广

绍兴十八年（1148）戊辰科王佐榜：梁永年

绍兴二十四年（1154）甲戌科张孝祥榜：石邦彦、章木

绍兴二十七年（1157）丁丑科王十朋榜：许从龙、吴达道

隆兴元年（1163）癸未科木待问榜：石斗文、黄度、朱处仁、俞亨宗、石昼问

乾道五年（1169）己丑科郑侨榜：黄庶、吕应举

乾道八年（1172）壬辰科黄定榜：石宗昭、梁文

乾道年间（1165—1173）：梁翰

淳熙二年（1175）乙未科詹骙榜：石朝英、吕惟用、吕通

淳熙八年（1181）辛丑科黄由榜：黄庚、梁汝明

淳熙十一年（1184）甲辰科卫泾榜：黄迈

淳熙十四年（1187）丁未科王容榜：黄克仁、石宗万

绍熙元年（1190）庚戌余复榜：潘方

庆元二年（1196）丙辰科邹应龙榜：石宗魏、王梦龙、石宗玉

庆元五年（1199）己未科曾从龙榜：石孝溥、吕冲之

嘉泰二年（1202）壬戌科傅行简榜：杨轰、袁一之

开禧元年（1205）乙丑科毛自知榜：黄庭、黄庑、梁简

嘉定四年（1211）辛未科赵建夫榜：吕尧仲

嘉定七年（1214）甲戌科袁甫榜：吕大亨

嘉定十年（1217）丁丑科吴潜榜：袁行之

嘉定十三年（1220）庚辰科刘渭榜：王爚、王祖洽

嘉定十六年（1223）癸未科蒋重珍榜：石正森、吕若霖

绍定二年（1229）己丑科黄朴榜：吕全之

绍定五年（1232）壬辰科徐元杰榜：梁大受、杨国英、王华甫、吕秉南

端平二年（1235）乙未科吴叔告榜：俞公美

嘉熙二年（1238）戊戌科周坦榜：袁灏

淳祐元年（1241）辛丑科徐俨夫榜：吕迈、吕遵

淳祐十年（1250）庚戌科方逢辰榜：王祖直、王灿、何正己

宝祐四年（1256）丙辰科文天祥榜：吕岳、章一新、赵良埈

开庆元年（1259）己未科周震炎榜：俞浙、潘时晦、袁同

景定元年（1260）庚申：吴观、吴大顺、陈非熊

景定三年（1262）壬戌科方山京榜：王煓

咸淳元年（1265）乙丑科阮登炳榜：袁儒、俞湘、吕渊、潘文虎、赵炎

咸淳四年（1268）戊辰科陈文龙榜：石余亨、袁范

咸淳十年（1274）甲戌科王龙泽榜：袁应春、袁桂

评本称科分无考者（进士补遗）：石昼问、俞受、潘起、石祖文、俞公慥、吕元之、俞彬、潘一雷、俞公柄、何正行、张汉英、何雩、黄飞、石埙、盛修龄

宋代武进士：吕定、梁邦禁

淳熙四年（1177）丁酉武进士：潘胜

嘉泰元年（1201）辛酉武进士：石子潇

元代（1271—1368）

至顺元年（1330）庚午王文烨榜：马剌丹

评本称科分无考者：王志才、袁宋

明代（1368—1644）

洪武六年（1373）癸丑科金铸榜：吴佐

洪武十八年（1385）乙丑科丁显榜：董薛、潘岳、蔡用强

洪武二十一年（1388）戊辰科任亨泰榜：王达观

永乐二年（1404）甲申科曾棨榜：章士渤、章以善

永乐四年（1406）丙戌科林环榜：盛霈

永乐十九年（1421）辛丑科曾鹤龄榜：甄完

正统四年（1439）己未科施槃榜：俞铎

正统七年（1442）壬戌科刘俨榜：吕昌

景泰二年（1451）辛未科柯潜榜：俞钦

天顺元年（1457）丁丑科黎淳榜：李庆

天顺四年（1460）庚辰科王一夔榜：吕凤

天顺八年（1464）甲申科彭教榜：丁川、徐志文

成化五年（1469）己丑科张昇榜：刘忠器、何鉴

成化十一年（1475）乙未科谢迁榜：俞振才、俞深

成化二十年（1484）甲辰科李旻榜：吕大川、俞振英、吕献

正德六年（1511）辛未科杨慎榜：俞集

正德十二年（1517）丁丑科舒芬榜：胡汭

嘉靖二年（1523）癸未科姚涞榜：俞振强、俞朝妥

嘉靖十一年（1532）壬辰科林大钦榜：吕光洵

嘉靖十四年（1535）乙未科韩应龙榜：俞则全

嘉靖二十年（1541）辛丑科沈坤榜：潘晟（榜眼）

嘉靖二十三年（1544）甲辰科秦鸣雷榜：俞时歆

嘉靖二十六年（1547）丁未科李春芳榜：俞时及

嘉靖四十四年（1565）乙丑科范应期榜：吕若愚

万历四十七年（1619）己未科庄际昌榜：吕奇策

崇祯七年（1634）甲戌科刘理顺榜：俞志虞

清代（1636—1911）

顺治十二年（1655）乙未科史大成榜：吕正音

康熙十二年（1673）癸丑科韩菼榜：吕廷云

康熙十八年（1679年）己未科归允肃榜：陈捷、吕爚

雍正二年（1724）甲辰科陈德华榜：何世华

乾隆三十七年（1772）壬辰科金榜榜：杨墀

嘉庆二十五年（1820）庚辰科陈继昌榜：陈荣夔

道光十五年（1835）乙未科刘绎榜：陈金鉴

道光十六年（1836）丙申恩科林鸿年榜：俞汝本

道光二十四年（1844）甲辰科孙毓桂榜：金祐

光绪十二年（1886） 丙戌科赵以炯榜：梁葆仁

康熙九年（1670）庚戌科武进士：王国珍

咸丰六年（1856）丙辰科武进士：梁振源

光绪十二年（1886）丙戌科武进士：王际春、徐廷彪

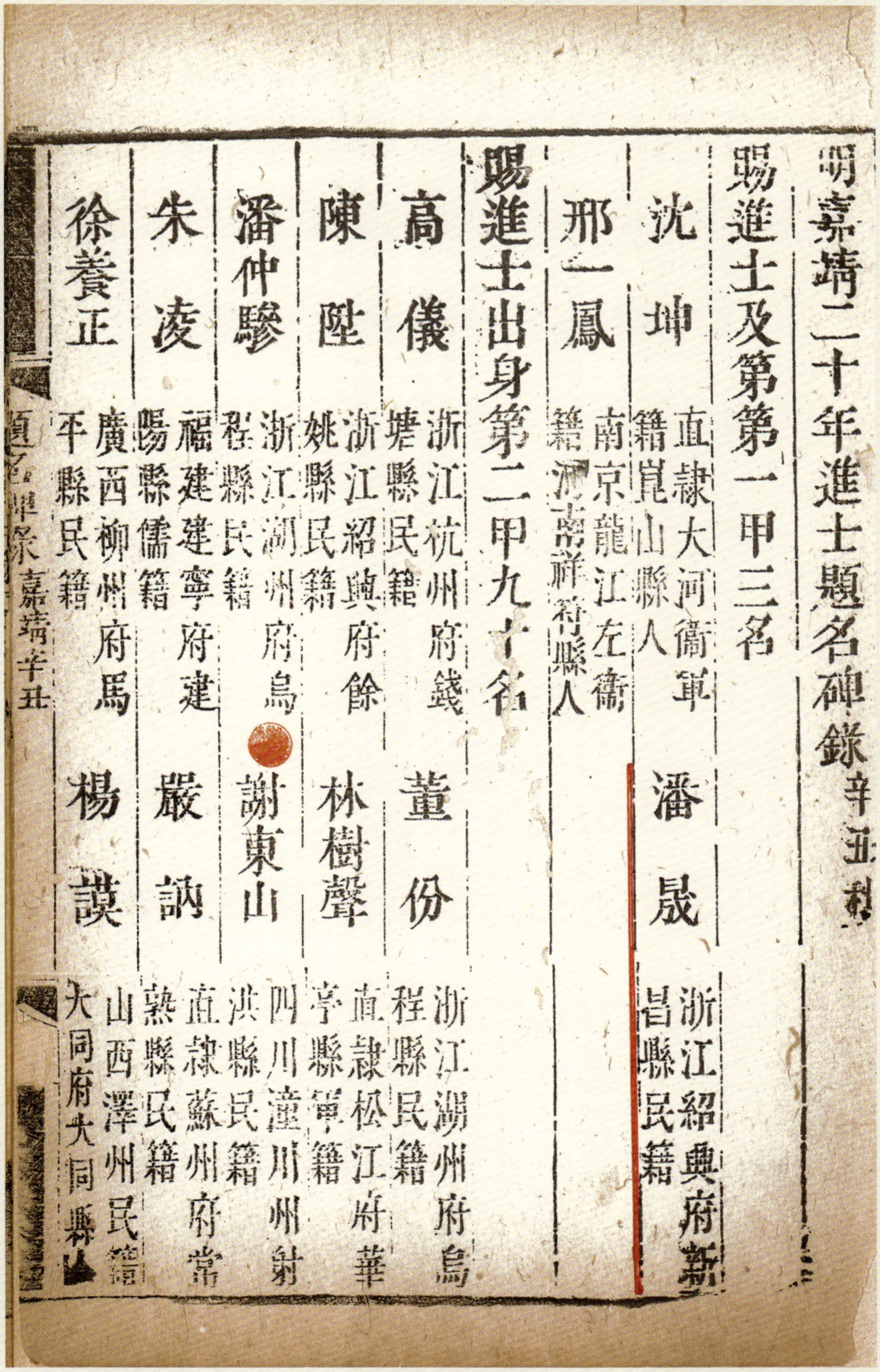
明嘉靖二十年進士題名碑錄 辛丑科
賜進士及第第一甲三名
沈坤 直隸大河衛軍籍崑山縣人
潘晟 浙江紹興府新昌縣民籍
邢一鳳 南京龍江左衛籍河南祥符縣人
賜進士出身第二甲九十名
高儀 浙江杭州府錢塘縣民籍
董份 浙江湖州府烏程縣民籍
陳陛 浙江紹興府餘姚縣民籍
林樹聲 直隸松江府華亭縣軍籍
潘仲驂 浙江湖州府烏程縣民籍
謝東山 四川潼川州射洪縣民籍
朱淩 福建建寧府建陽縣儒籍
嚴訥 直隸蘇州府常熟縣民籍
徐養正 廣西柳州府馬平縣民籍
楊謨 山西澤州民籍大同府大同縣人
題名碑錄 嘉靖辛丑

明嘉靖二十年（1541）“进士提名碑录”

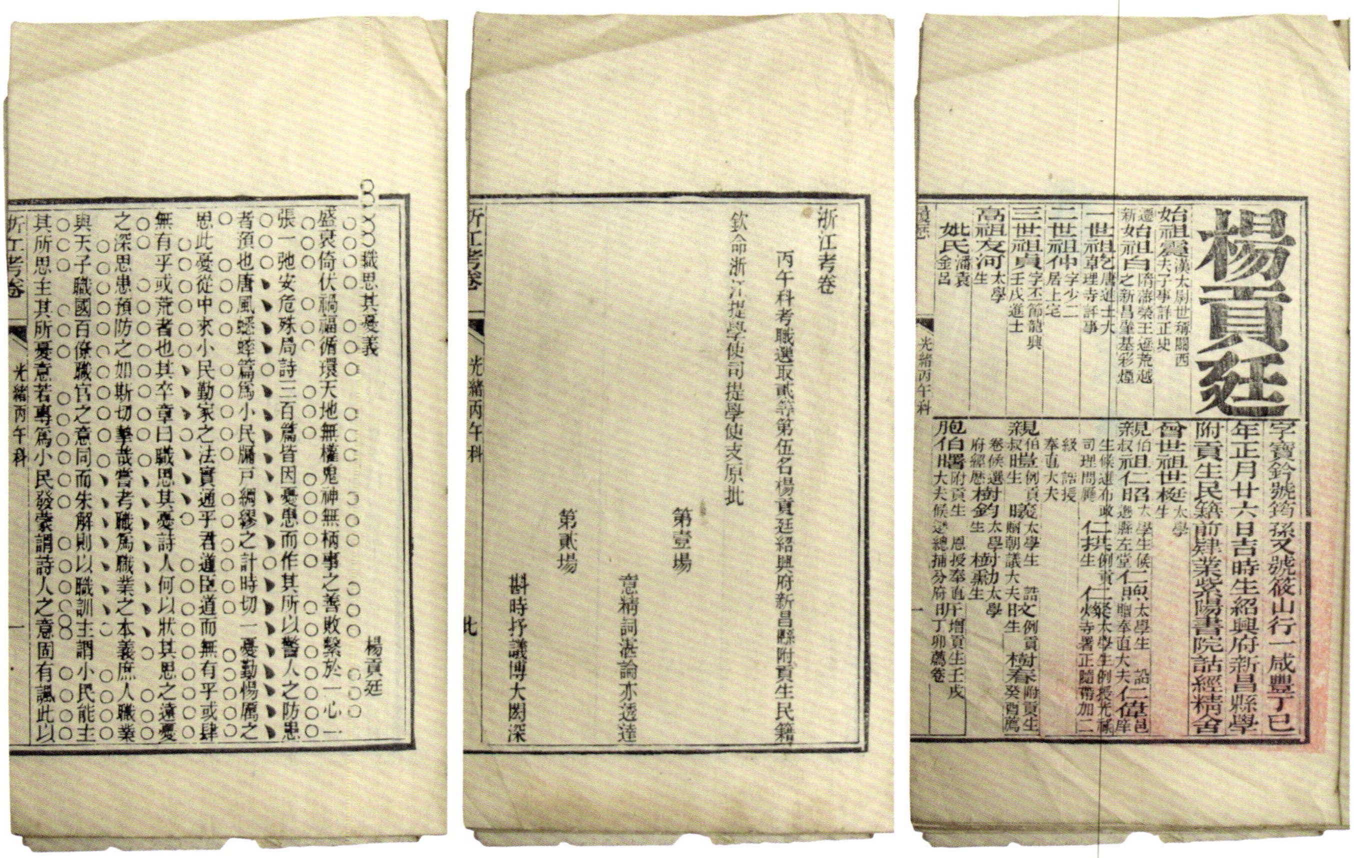

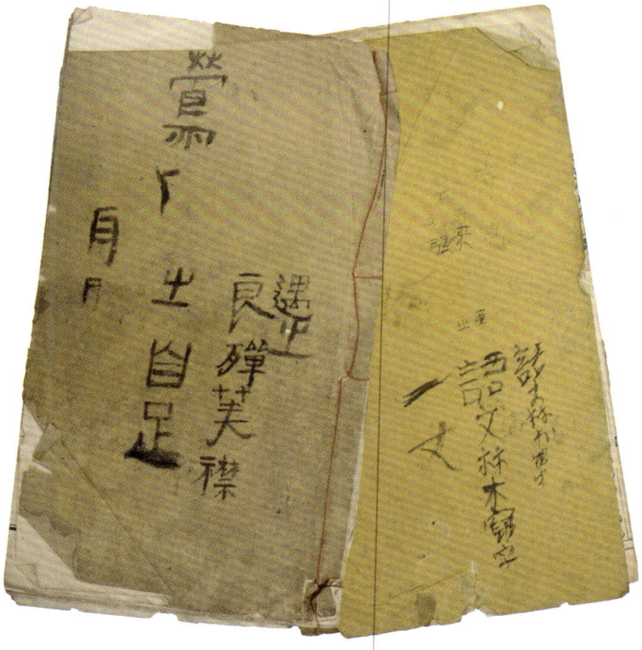

杨贡廷考卷

清光绪（1875—1908）
长25厘米，宽14.9厘米，厚0.2厘米
新昌博物馆藏

该份考卷共七页，刻本，线装一册，主要内容涉及：姓名、简介、宗谱、受业师、受知师、总批、卷文。边款时间为光绪丙午年（1906）。

杨贡廷，字宝钤，号筠孙，又号筱山、行一。咸丰丁巳年（1857）正月廿六日吉时生。绍兴府新昌县学附贡生，民籍，前肄业紫阳书院、诂经精舍。

钦命四书诗题

清光绪（1875—1908）
长27.5厘米，宽16.4厘米，厚0.7厘米
新昌博物馆藏

该份考卷共四十页，刻本，线装一册，首页朱印三龙牌记《钦命四库诗题》，内容涉及：姓名、简介、宗谱、受业师、受知师、总批、卷文。边款时间有三，分别为光绪己丑年（1889）、光绪辛卯年（1891）、光绪壬辰年（1892）。

龚心铭，字景张，号渠生，一字伯新，行一，又行三。同治乙丑年（1865）九月十五日吉时生。安徽庐州府合肥县附贡生，花翎刑部郎中四川司行走，民籍。

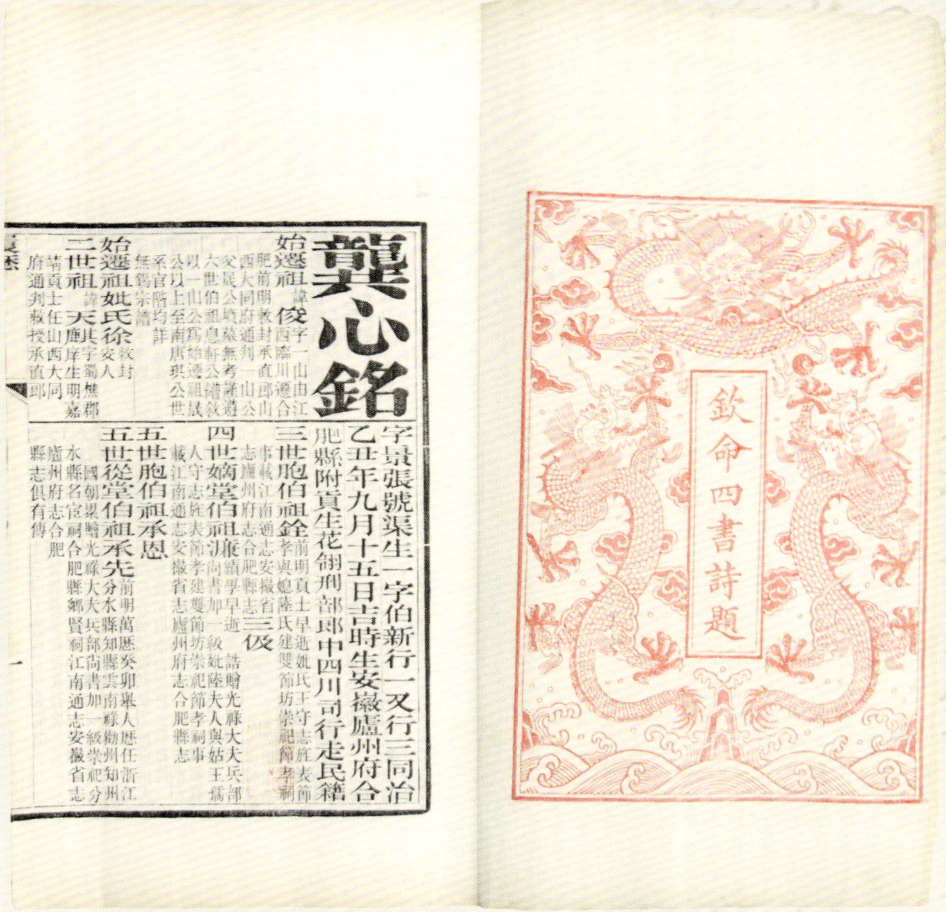

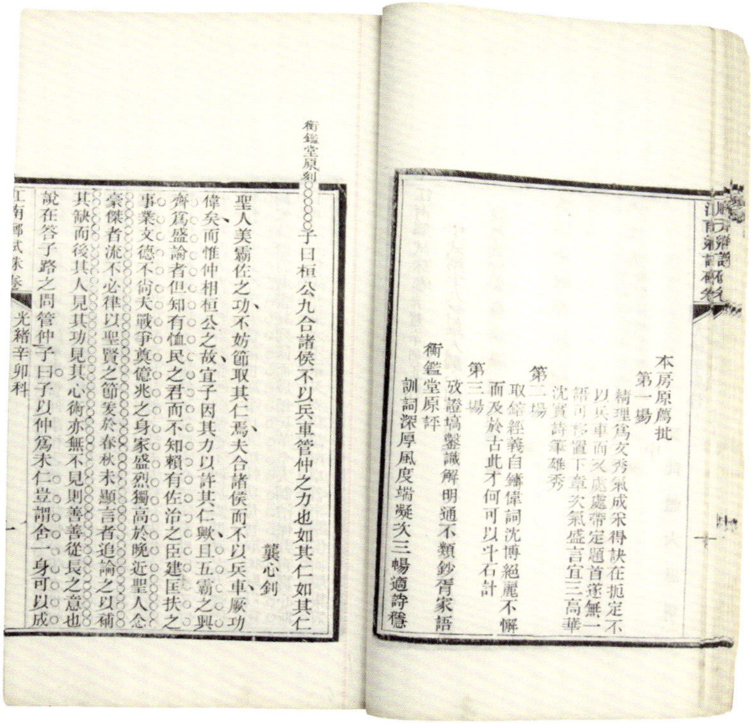

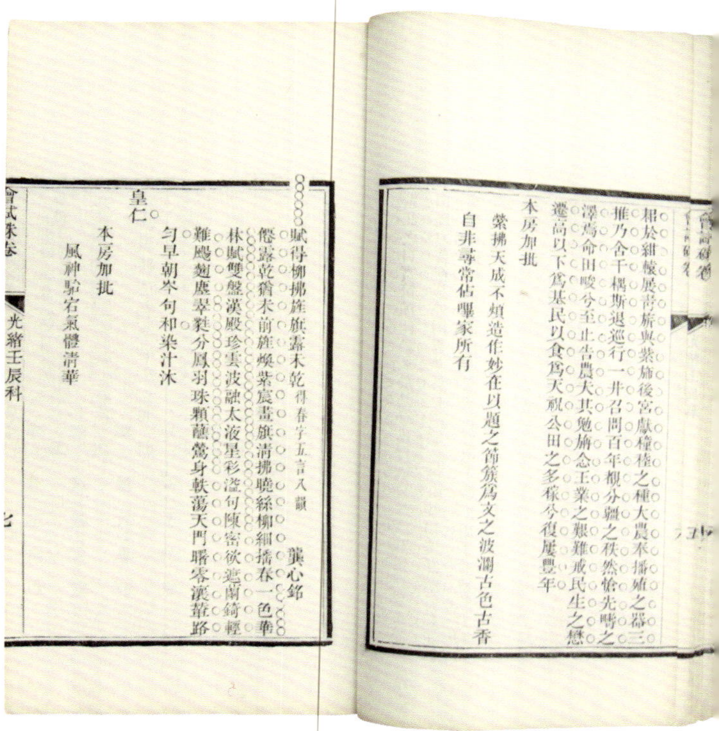

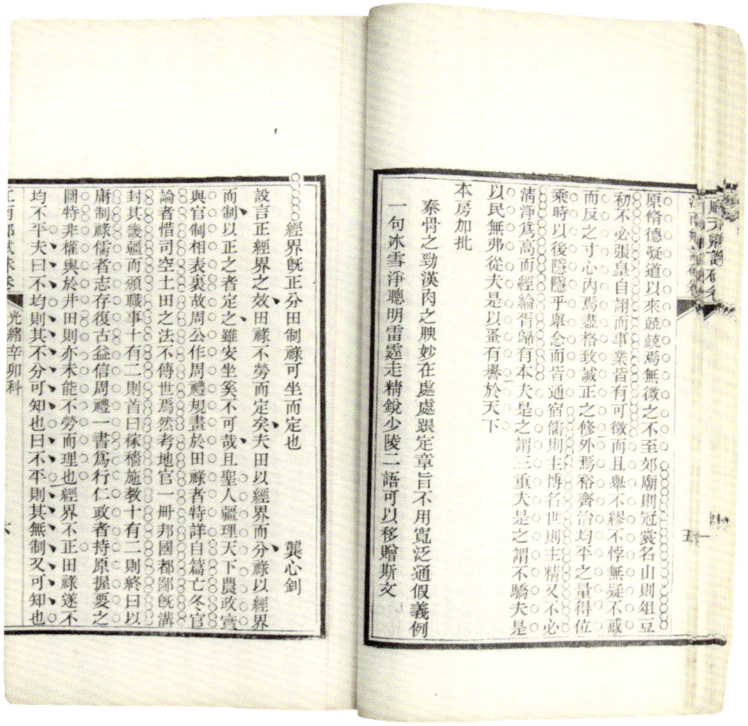

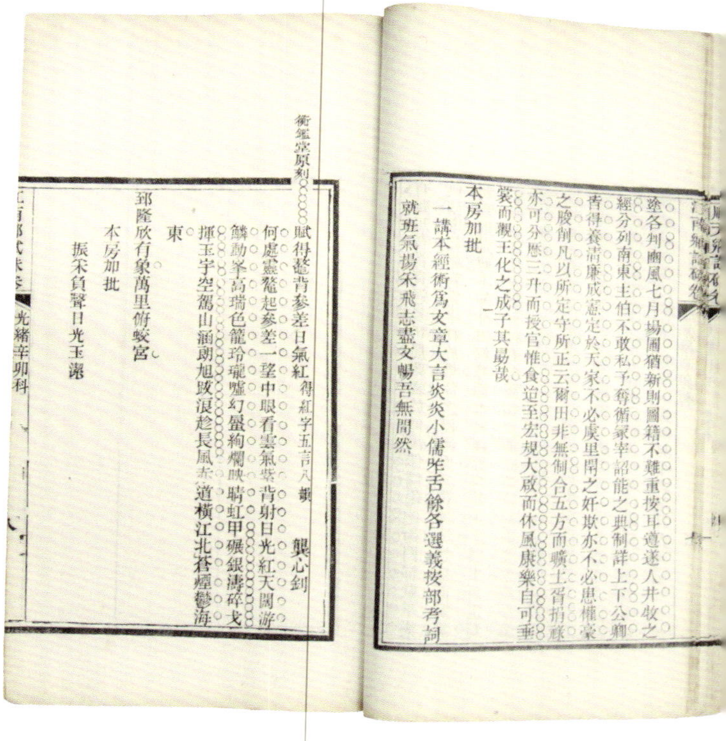

浙江乡试朱卷

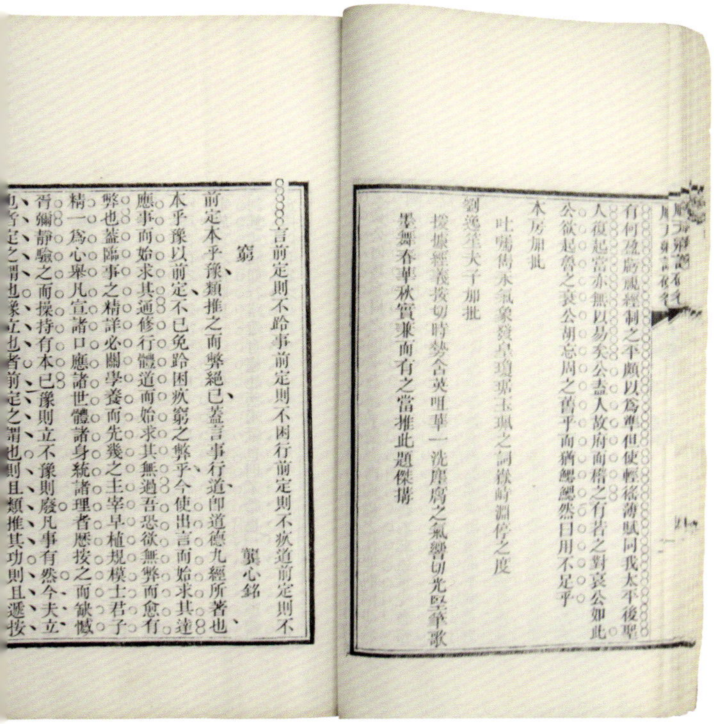

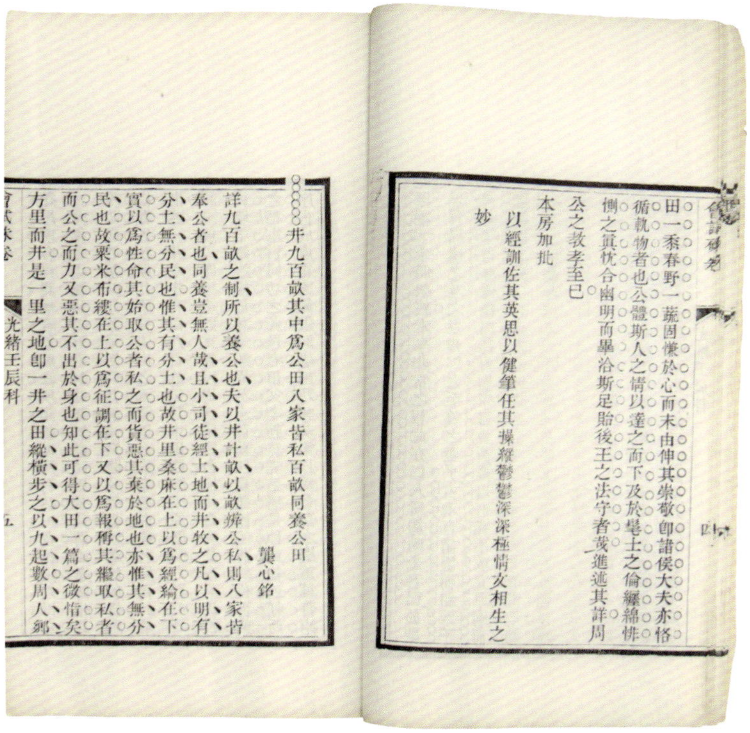

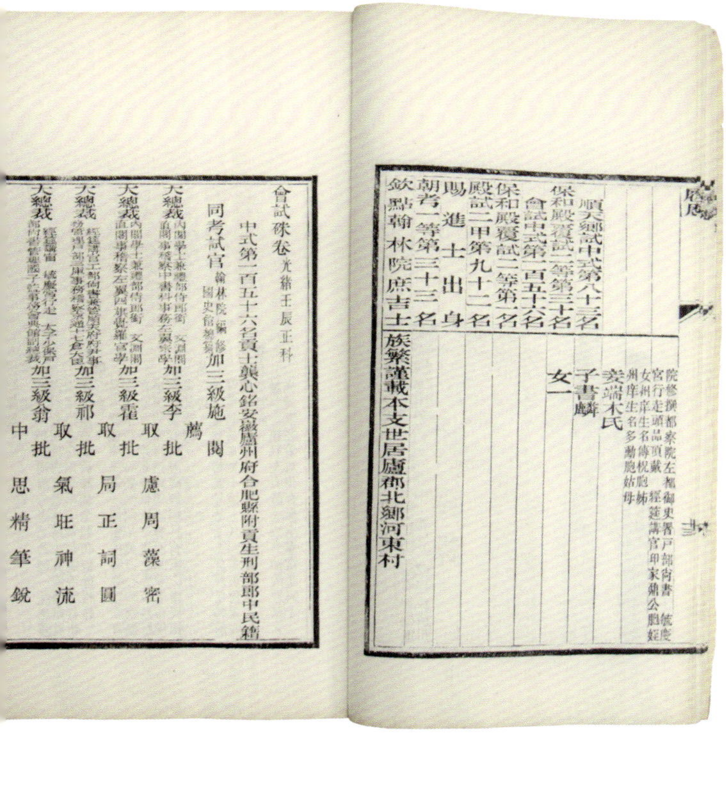

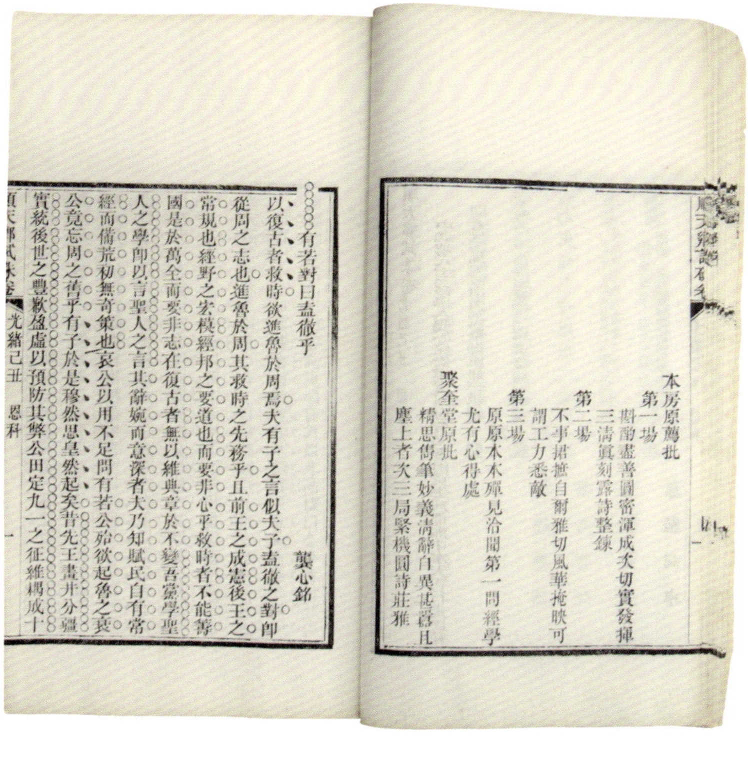

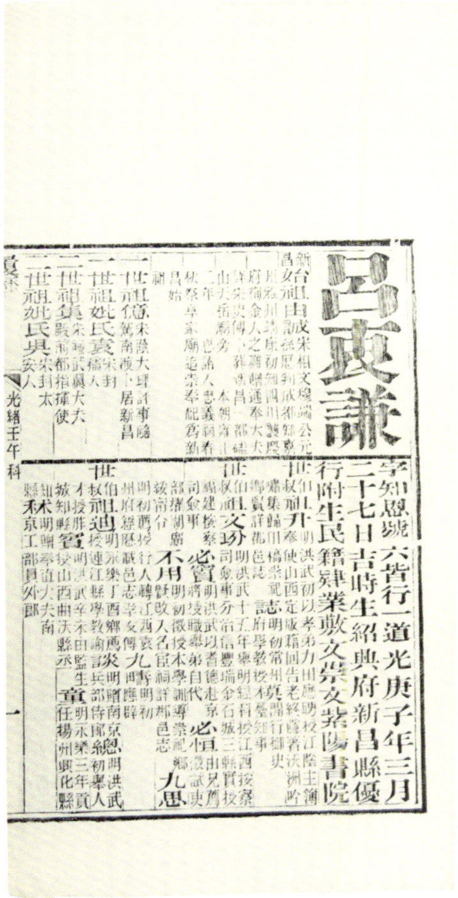

吕衷谦乡试卷

清光绪（1875—1908）
长26.2厘米，宽15.5厘米，厚0.3厘米
新昌博物馆藏

该份考卷共十四页，刻本，线装一册，内容包括：姓名、简介、宗谱、受业师、受知师、总批、卷文。边款时间为光绪壬午年（1882）。

吕衷谦，字知恩，号六皆，行一。道光庚子年（1840）三月二十七日吉时生。绍兴府新昌县优行附生，民籍，肄业敷文、崇文、紫阳书院。

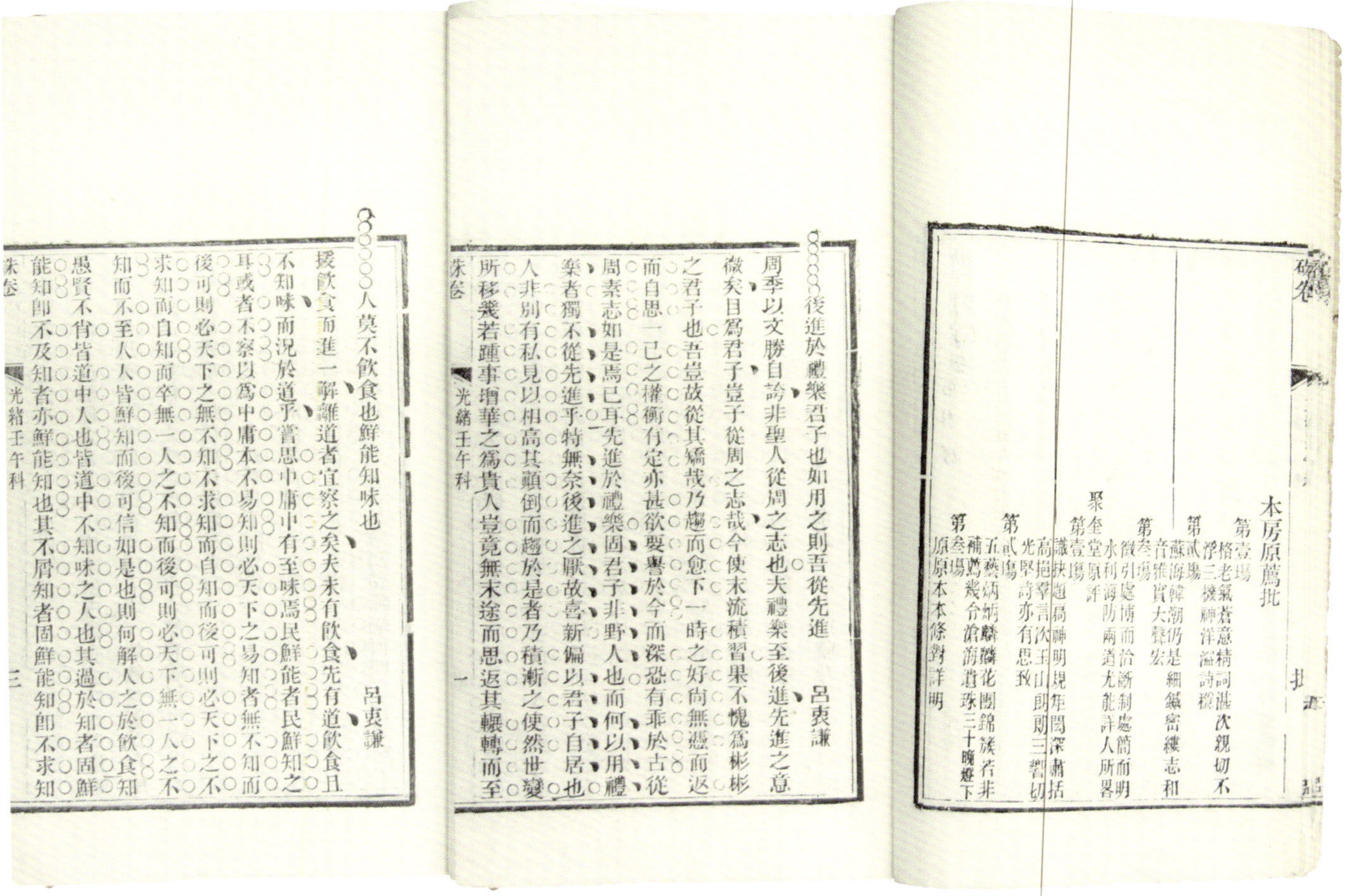

浙江乡试朱卷

清光绪（1875—1908）
长26.5厘米，宽15厘米，厚0.3厘米
新昌博物馆藏

该份考卷共十二页，木刻版线装一册，主要内容有：姓名、简介、宗谱、受业师、受知师、总批、卷文。边款时间为光绪辛卯年（1891）。

茅善培，字笃甫，行二。同治壬戌年（1862）十二月初四日吉时生。绍兴府山阴县学附生，民籍，肄业紫阳书院、诂经精舍。

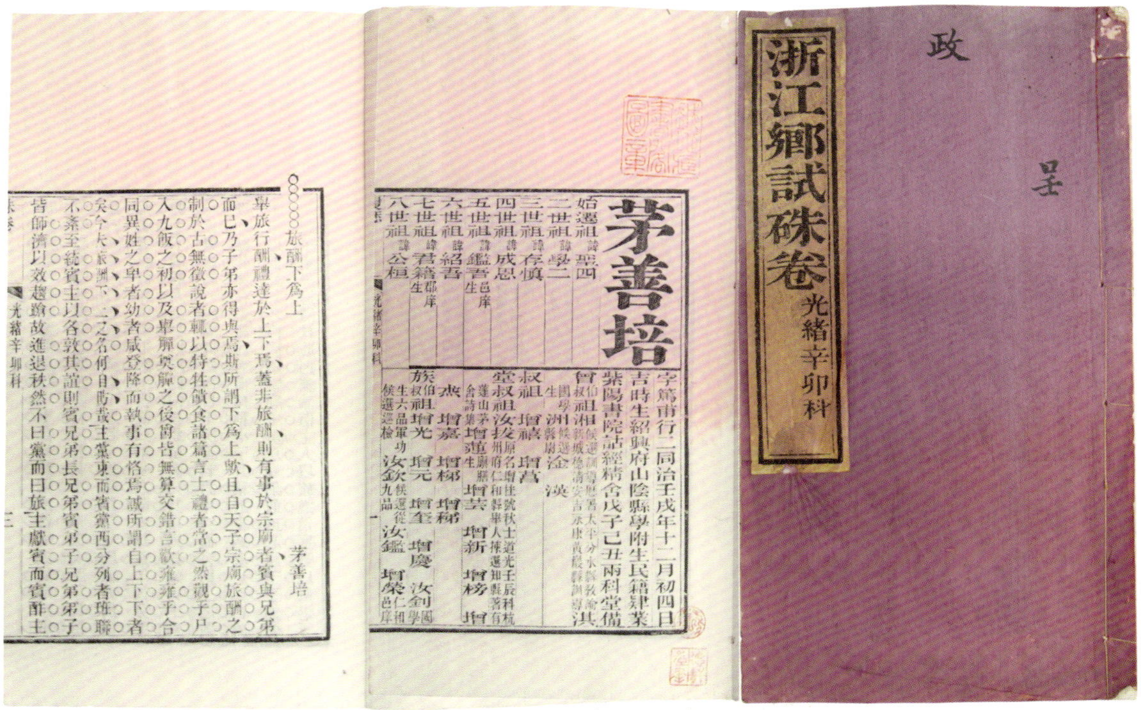

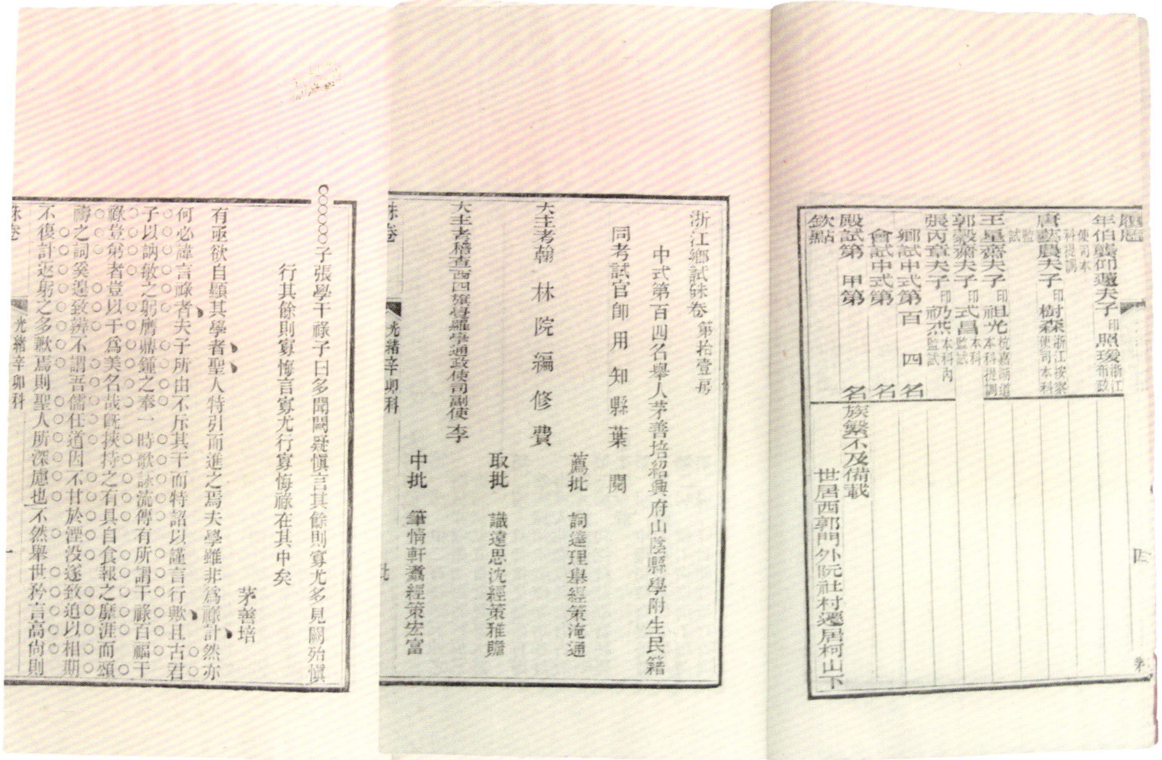

兰亭修禊纹澄泥砚

清（1644—1912）
高3.9厘米，长16.1厘米，宽9.7厘米
新昌博物馆藏

长方形，上置木质盒盖，盖表面刻有荷花莲叶图案。砚面一端挖墨槽，边沿起缘，并饰有卷云纹，砚壁周边用细线描刻“兰亭修禊”的场景。有使用痕迹。

龙泉窑花卉纹五峰青瓷笔架

清（1644—1912）
高7.8厘米，长10.1厘米，宽4厘米
新昌博物馆藏

五峰山状，中峰略高。正面饰莲花纹，背面为牡丹花纹。施粉青色釉，底部露胎，留有一气孔，胎质稍粗。

青瓷辟雍砚

隋（581—618）
高4.1厘米，直径11.4厘米，足径12.5厘米
新昌博物馆藏

砚台中心高高隆起，砚台四周留有深槽储水，以便书画家润笔蘸墨之用，显示出它的实用功能。砚的下部用为数众多的珠足承托，足部明显突出，足底饰有弦纹。施青绿色釉。

五子登科玉佩

清（1644—1912）
直径6.1厘米，厚0.3厘米
新昌博物馆藏

圆形配饰。白玉质，双面透雕五子人物纹，寓意五子登科，外圈简琢动物纹。

黑漆描金山水人物纹竹编文具箱

清（1644—1912）
高15.7厘米，长28厘米，宽15.7厘米
新昌博物馆藏

四壁均用竹丝编制而成，盒盖外壁黑漆为地，并用描金山水人物纹。盒前有一铜扣，两侧各镶一铜质圆环。盒内分隔两层，上层为“品字型”分格式，下层分为五格，可放置各类文房用具。

“状元及第”木质竖匾

清同治七年（1868）
纵118厘米，横52厘米，厚1.8厘米
新昌博物馆藏

红漆地，匾中直书“状元及第”阴刻行体鎏金大字，上款阳刻楷书“同治七年岁次戊辰阳月　穀旦”，落“裔孙桂芬敬　立”。匾额上方浮雕云龙纹，下方以日出江海纹装饰，似一条金龙翱翔于云海之间。边饰卷龙纹。状元匾一般为高中状元者将匾立于家族宗祠之上，既耀祖显世，又勉励宗族子弟、后代子孙学业进步、金榜题名。

“进士”匾

清道光六年（1836）
纵83.5厘米，横177厘米，厚5.3厘米
新昌博物馆藏

枣红漆地，由堆灰工艺制成。匾正中阳书“进士”两个金色大字。上款“赐进士出身 诰授光禄大夫、经筵讲官、太子太保、吏部尚书、翰林院掌院学士，管理刑部事务前壬戌丁丑己卯科 钦典文武大总裁军机大臣文渊阁大学士加二级河功加一级戴均元为”，下款“乡者学隽尊姻台八十有一大庆 道光六年吉月　穀旦”，钤“戴均元”金色方印和其余两枚方印。边框及四角绘饰方胜和回龙纹。

時代華章
新昌重要學校分布圖
公共场所
请勿吸烟
保持安静
请勿喧哗
小心台阶
请勿追逐

伍 时代华章

新昌崇文重教之风代代相传。在清末民初，废科举、兴新学，逐步改良私塾，确立小学体制。民国十四年（1925），创建中学。1949年后，全县逐步普及九年制义务教育，建立起正常的教育教学秩序，教育事业得以大力发展。2003年，新昌县跨入省教育强县行列，2014年成为全国义务教育发展基本均衡县。2019年，高分通过浙江省教育基本现代化县评估和技师学院筹建现场评估验收。历年来，新昌对创新教育进行了持续不断的区域性探索和实践，走出了一条独具特色的创新教育之路，形成了“学在新昌”的品牌，屡创新昌教育“神话”。

名校风采

新昌县教师进修学校

1975年9月8日于绍兴挂牌成立。办学以来，为提高教育质量，促进教育改革，学校以其扎扎实实的工作，培养和培训了大批中小学教师和幼儿教师。高质量的培训效益和成绩，受到广大中小学教师的肯定。学校本着制度与人文相结合的管理思想，凭借美丽的校园环境、舒适的住宿条件和优秀的师资力量成为当地教师进修名校之一。

新昌中学

新昌中学创办于1925年，现为浙江省一级重点中学与全国文明单位。建校90多年来，已累计培养4万多名毕业生。20多年来，有15位学生获绍兴市高考状元，其中4位为浙江省高考状元；有100多位学生获全国学科竞赛一等奖；有300多项学生发明作品在省级以上评比中获大奖。《光明日报》《人民教育》等中央媒体，曾相继刊发介绍新昌中学办学成就的长篇报道。学校如今已声名远扬，跻身于全国名校之列。

新昌澄潭中学

新昌澄潭中学是县直属普高，她的前身为创办于1876年的沃西书院。现有48个教学班，在校师生2177人。“怀文抱质、自强不息”为学校校训，“中西兼容、以美育人”为学校办学特色，“真诚真心、美言美行”为学校教育信念和准则，以培养具有“强健的体魄、文明的素质、阳光的心态、世界胜任力”的具有美好人格的合格公民为目标。既有田园风光、学园气息，又有都市风情、现代风尚的“人·教育·自然”和谐一致的澄潭中学已成为浙江教育的一道亮丽风景线。学校为浙江省文明单位、省重点中学、省特色示范学校、省绿色学校、省科研兴校百强学校。

新昌技师学院

新昌技师学院是一所国家级重点中等职业学校、国家重点技工学校。现占地430亩，拥有教职工348名、在校生4785人、中央财政支持的实训基地3个、省示范专业5个，每年面向社会开展各类培训6000余人。学校入围第45届世界技能大赛工业装调项目国家集训队，在全国技能大赛中收获14金、15银、5铜共34块奖牌；学生创新作品获国际金奖1件、国家奖项12件、专利200余件；与70余家企业开展合作，与政府签署产学研合作协议，校企合作成效显著。

新昌县教师进修学校

新昌中学

新昌澄潭中学

新昌技师学院

新昌城关中学

城关中学始建于1970年，现有2000余名学生。学校以“向善求真”为校训，具有“文明、勤奋、健康、活泼”的优良校风。积极探索“轻负担高质量”的教改新路子，成功实践“知耻·感恩·责任”的德育新模式，切实推进以体育艺术教育和发明创造教育为核心的素质教育。学校先后获得全国青少年劳技创造发明实验学校、全国学校体育工作示范校、全国“创建适合学生发展的学校”实验学校、省文明单位、省首批文明学校、省示范初中等200多项荣誉称号。

新昌实验中学

新昌实验中学是位于浙江省新昌县的一所年轻的现代化初级中学，创办于1987年，前身为城东中学。学校抱以“为学生一生奠基，对民族未来负责”为办学宗旨，以“教学为中心，教师为主导，学生为主体，质量求生存，管理求效益”为办学思想，走“依法治校，质量立校，特色亮校，创新强校”之路，大力推进素质教育，形成了较为显著的“寄宿制主体自主教育”办学特色，取得了一流的办学成果。1997年被命名为绍兴市文明单位，2001年10月被浙江省教育厅命名为省现代教育技术实验学校，2002年6月被浙江省教育厅命名为浙江省示范初中。

新昌县南明小学

新昌县南明小学创办于1751年，办学历史悠久，有着深厚的教育积淀和人文底蕴。学校现有44个教学班，在校学生2044人，教职员工100多人。学校先后获得绍兴市文明学校、绍兴市文明单位、浙江省百年名校、浙江省示范小学、全国红旗大队、全国现代教育技术实验学校等100多项荣誉称号。学校提出了“建和谐校园、办满意学校”的办学目标，确立了“让教师幸福、让学生快乐”的价值主题，形成了“敬业奉献、精益求精”的教风和“勤奋好学、善思好问”的学风。

新昌县实验小学

新昌县实验小学创建于光绪三十四年（1908）年初，是一所在省内有一定知名度的百年老校。原名“陈氏初等小学堂”，1940年至1956年间，几经易名，后于1987年，最终变更为新昌县实验小学。学校现占地11.55亩，建筑面积9950平方米，在校学生1787人，教职工95名。学校曾多次荣获全国及省市级荣誉称号，现为全国外语实验学校、浙江省示范小学、浙江省艺术教育特色学校、浙江省足球特色学校、浙江省现代教育技术实验学校、浙江省教育科研200强学校。

新昌城关中学

新昌实验中学

新昌县南明小学

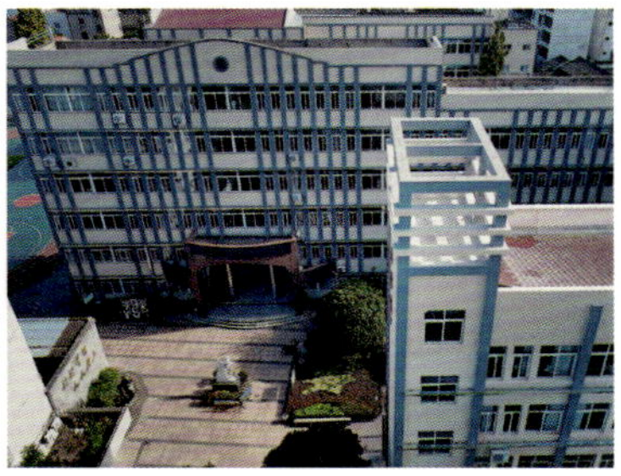

新昌县实验小学

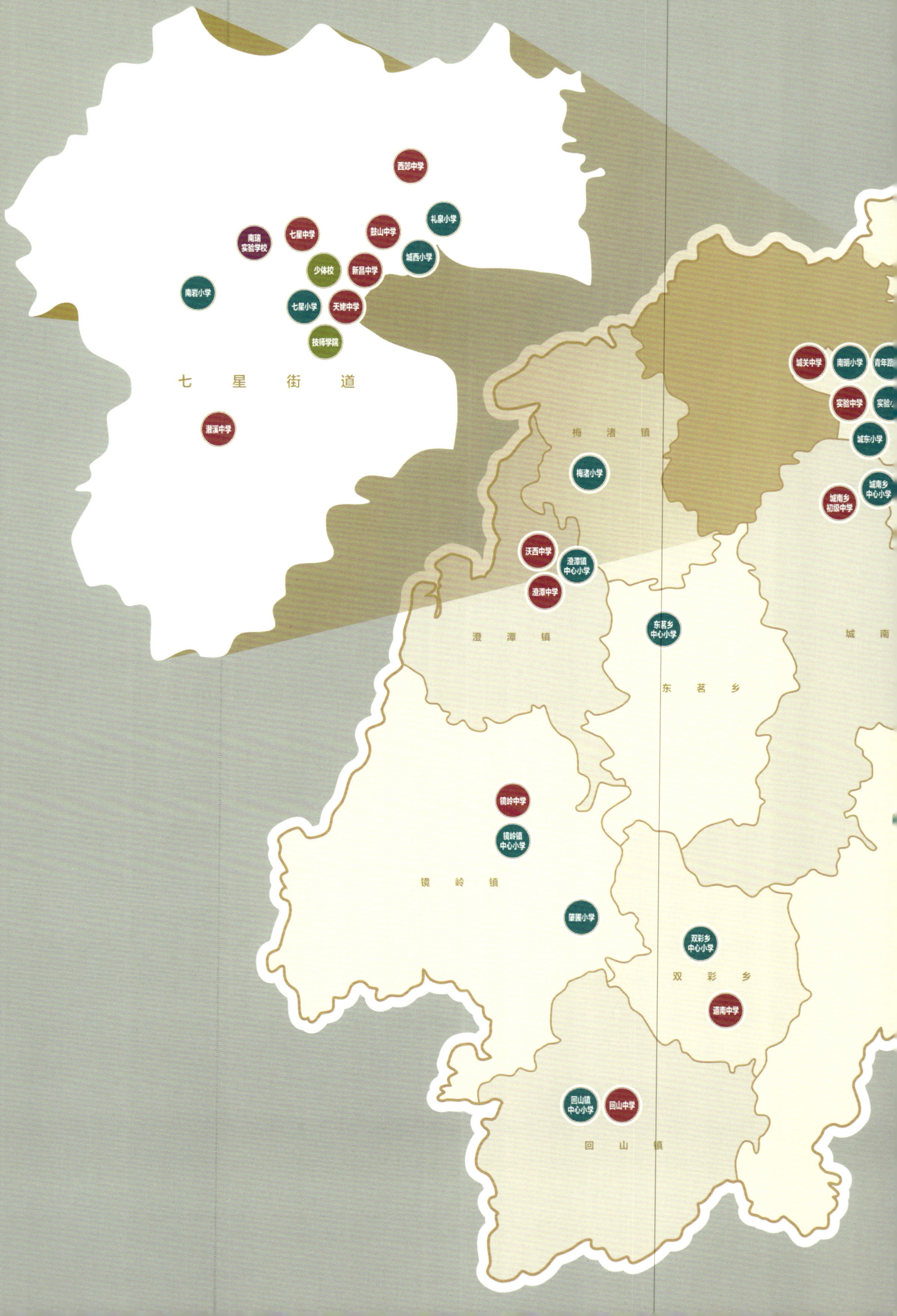
西郊中学
礼泉小学
南瑞
实验学校
七星中学
鼓山中学
城西小学
少体校
新昌中学
南岩小学
七星小学
天姥中学
技师学院
七 星 街 道
潜溪中学
城关中学
南明小学
实验中学
城东小学
梅 渚 镇
梅渚小学
城南乡
初级中学
城南乡
中心小学
沃西中学
澄潭镇
中心小学
澄潭中学
东茗乡
中心小学
澄 潭 镇
城 南
东 茗 乡
镜岭中学
镜岭镇
中心小学
镜 岭 镇
肇圃小学
双彩乡
中心小学
双 彩 乡
道南中学
回山镇
中心小学
回山中学
回 山 镇

大明市中学
羽林街道
新林乡
沙溪中学
沙溪镇中心小学
沙溪镇
拔茅小学
拔茅中学
街道
大市聚镇初级中学
知新中学
大市聚镇中心小学
大市聚镇
巧英乡
巧英乡中心小学
小将中学
小将镇中心小学
小将镇
岙镇

新昌主要学校分布图

新昌各校近十年来省级及以上先进荣誉

获奖单位	获奖名称	发奖单位
	浙江省“十一五”师干训先进集体	省行政干部培训中心等
教师进修学校	2009—2010年度教科研先进单位	省教育科学规划领导小组等
	省综治协会2012年度先进团体会员单位	省社会管理综合治理委员会
	浙江省“十二五”师干训先进集体	省中小学教师培训中心等
	“知行中国——初中班主任教师培训项目”浙江省优秀项目单位	省中小学教师培训中心
技师学院	国家级重点中等职业学校	教育部
	全国德育工作先进集体	教育部
	中央公共实训基地（机电专业）	财政部、教育部
	全国职业学校创新效创业大赛一等奖	共青团中央、教育部等
	全国职业学校创新效创业大赛一等奖	共青团中央、教育部等
	国防教育特色学校	教育部
	中央财政支持建设的职业教育实训基地	国家教育部、财政部
	中央财政支持建设的“十三五”产教融合发展工程规划项目	国家教育部、财政部
	浙江省数控实训基地	省教育厅
	浙江省地掷球协会先进单位	省体育局
	浙江省地掷球协会先进单位	省体育局
	浙江省第四届职业教育教学成果二等奖	省人民政府
	浙江省中职教育德育工作实验基地	省教育厅
	省级校外实习实训示范基地	省教育厅
	浙江省第三批中职改革发展示范校	省教育厅
	省级示范专业	省教育厅
	浙江省首批中等职业学校教育专业课程改革基地学校	省教育厅
	浙江省中等职业学校示范专业	省教育厅
	浙江省省级重点技工学校	省人力资源和社会保障厅
	机电类公共实训基地	省教育厅
	省级示范专业	省教育厅
	省品牌专业（机械装配）	省人力资源和劳动保障厅
	浙江省红十字达标校称号	省红十字会、省教育厅等
	全技工院校学生FASH公益宣传多媒体作品比赛优秀组织奖	省职业技能教学研究所
	浙江省技工院校品牌专业（机械装配）	省人力资源和社会保障厅等
	浙江省中等职业教育改革发展示范学校	省教育厅、省财政厅
	省级骨干示范专业	省教育厅
	国家重点技工学校	省人力资源和社会保障厅

获奖单位	获奖名称	发奖单位
技师学院	全技工院校德育教学大赛优秀组织奖	省职业技能教学研究所
	天翼Young杯第五届浙江省中小学信息技术创作大赛优秀参赛学校	省教育厅、省科学技术协会
	浙江省新一届中职机械类专业教研大组理事学校	省教育厅
	浙江省新一届中职创新创业类专业教研大组理事学校	省教育厅
	省级品牌专业	省劳动厅
	全省技工院校品牌专业建设	省人力资源和社会保障厅等
	浙江省第六批“青少年维权岗”单位	省未成年人保护委员会
	浙江省财经商贸实训基地	省教育厅办公室等
	第四批浙江省技能大师工作室	省人力资源和社会保障厅等
	全省技工院校学生会计专业技能比赛省团体第五名	省职业技能教学研究所
	省级特色专业	省教育厅
	省级品牌专业	省劳动厅
	省级现代学徒制试点学校	省发改委办公室等
	浙江省“中职教育质量提升行动计划”中职骨干专业	省教育厅
	第二批省中职教育改革发展示范学校	省教育厅办公室
	浙江省中职教育品牌专业建设单位	省教育厅
	浙江省“中职教育质量提升行动计划”中职骨干专业	省教育厅
	浙江省中职大师及大师工作室建设项目立项	省教育厅办公室
	浙江省中职优势特色专业建设项目立项	省教育厅办公室
	浙江省中职创新创业教育实验室建设项目	省教育厅办公室
	浙江省第十二届电子商务大赛团体赛省三等奖	省教育厅等
	浙江广厦职业教育集团三届一次理事单位	浙江广厦职业教育集团
新昌中学	全国青少年校园足球特色学校	教育部
	综合实践活动课程全国先进实验单位	教育部
	全国首批学校体育工作示范校	教育部
	全国青少年创新教育示范学校	中国教育学会
	浙江省廉政文化进学校示范点	省纪委
	浙江省数字校园示范建设学校	省教育厅
	浙江省红十字会达标学校	省教育厅等
澄潭中学	国防教育特色学校	教育部
	浙江省中小学示范实验室	省教育装备和勤工俭学管理中心
	浙江省基层党校示范点	省委宣传部
	浙江省“双万结对共建文明”活动先进对子	省委宣传部、省文明办

获奖单位	获奖名称	发奖单位
澄潭中学	浙江省教科“百强学校”	省教育科学研究院
	浙江省首批教育科研孵化基地	省教育厅基础教育处等
	浙江省创新教育研究会“创新型学校”	省教育教学研究院等
	浙江省红十字达标校	省红十字会、省教育厅等
	浙江省先进团支部	共青团浙江省委
	浙江省中小学示范性图书馆	省教育技术中心
	全省法治宣传教育先进集体	省委办公厅等
	浙江省中小学书香校园	省教育技术中心
	省心理健康教育示范点及省标准化心理辅导站	省教育厅办公室
鼓山中学	中学生暑期“四个一”社会实践活动优秀团队	省教育厅、共青团省委
	档案工作目标管理省级复查认定单位	省档案局
	普通高中多样化发展选修课程建设改革试点学校	省教育体制改革领导小组
	省优秀社团	团省委、省教育厅等
	浙江省第八批“青少年维权岗”创建单位	团省委
城关中学	浙江省文明单位	省精神文明建设委员会
	浙江省省级餐服务食品安全示范学校	省食品药品监督管理
	浙江省青少年校园足球特色学校	省教育厅
	浙江省文明单位	省精神文明建设委员会
	浙江省示范中小学家长学校	省教育厅，省妇联
	浙江省首届大中小师生时政知识赛团体奖	省时政组委会
	第九届浙江省少年文学之星征文比赛组织奖	省教育学会
	浙江省课外阅读先进集体	省教育报总社
	浙江省红十字会示范学校	省红十字会、省教育厅等
	浙江省红十字会达标学校	省红十字会、省教育厅
	浙江省现代教育技术试验学校	省教育
	浙江省语言文字规范化示范校	省语言文字工作委员会等
	浙江省体育特色学校田径锦标初中组团体总分第二名	省体育局、省教育
	浙江省首届青少年学生阳光体育运动会田径比赛初中组团体第六名	省体育局、省教育厅
	浙江省治安安全示范单位	省社会治安综合治理委员会等
	浙江省青少年电子制作锦标赛初中团体三等奖	省体育局、省教育厅等
	浙江省青少年电子定点锦标赛初中团体一等奖	省体育局、省教育厅等
	浙江省青少年电子制作锦标赛（简易机器人）优秀组织奖	省体育局、省教育厅等
	浙江省青少年模型锦标赛初中团体三等奖	省体育局、省教育厅等

获奖单位	获奖名称	发奖单位
城关中学	浙江省青少年模型锦标赛精神文明运动队	省体育局、省教育厅等
	“七彩假日”实践团获浙江省大中学生社会实践活动优秀团队	省学生联合会
	浙江省特色学校2010田径标（初中组）团体总分第二名	省体育局、省教育厅
	浙江省首届青少年学生阳光体育田径比赛（初中组团体总分）第六名	省体育局、省教育厅
七星中学	浙江省卫生先进单位	省爱国运动委员会
	浙江省消防安全教育示范学校	省公安厅、省教育厅
	浙江省义务教育标准化学校	省教育厅
	浙江省体育特色学校	省教育厅、省体育局
	浙江省体育特色学校田径比体育道德风尚奖	省教育厅、省体育局
	浙江省绿色学校	省教育厅、省环境保护厅
南瑞实验学校	全国科技体育传统学校	国家体育总局、教育部等
	浙江省九年一贯制示范学校	省教育厅
	浙江省义务教育标准化学校	省教育厅
	浙江省绿色学校	省教育厅
	浙江省红十字示范校	省红十字会、省教育厅等
实验小学	全国国防教育特色学校	教育部
	浙江省足球特色学校	省教育厅
	浙江省艺术教育特色学校	省教育厅
	浙江省现代教育技术实验学校	省教育厅
城东小学	全国青少年校园足球特色学校	教育部
	浙江省艺术教育特色学校	省教育厅
	浙江省绿色学校	省环境保护厅、省教育厅
	浙江省青少年校园足球特色学校	省教育厅
	浙江省义务教育标准化学校	省教育厅
	浙江省示范家长学校	省妇联、省教育厅
	浙江省优秀少先队大队	共青团浙江省委等
城西小学	全国动感中队	全国少工委办公室
	教育片《金色的篮》获第三届全国教育影视优秀作品大赛三等奖	中国教育技术协会
	浙江省红十字达标学校	省红十字会
	浙江省中小学舞蹈节比赛荣获优秀表演二等奖	省教育厅
南岩小学	全国青少年校园足球特色学校	教育部
拔茅小学	浙江省义务教育标准化学校	省教育厅
	浙江省绿色学校	省教育厅、省生态环境厅

考入清华北大学生一览表

年份	序号	姓名	学校	专业	毕业高中
1978年	1	陈　益	清华大学	电力系统及自动化	澄潭中学
1979年	2	袁　骏	北京大学		新昌中学
	3	章梅荣	北京大学	数学系	鼓山中学
	4	许秋富	北京大学	物理系	澄潭中学
1982年	5	丁小良	北京大学	数学系	回山中学
1983年	6	孔华威	北京大学	物理系	新昌中学
1984年	7	杨中萱	北京大学		新昌中学
1985年	8	贾军良	清华大学		新昌中学
	9	潘光平	清华大学	机械系	知新中学
	10	杨满成	清华大学		澄潭中学
1987年	11	赵益洪	北京大学		新昌中学
	12	陈国定	北京大学		澄潭中学
1988年	13	杨继张	清华大学		新昌中学
	14	任晨光	北京大学		新昌中学
	15	盛双霞	北京大学		新昌中学
	16	吕　煜	北京大学		新昌中学
1989年	17	余　虎	清华大学		新昌中学
	18	丁红辉	清华大学		澄潭中学
1990年	19	俞赛月	清华大学		新昌中学
1991年	20	潘晓明	清华大学	化学系	新昌中学
1993年	21	蒋月君	清华大学	化学系	新昌中学
1994年	22	吕恭祥	清华大学	电机工程与应用电子技术	新昌中学
	23	王懿静	北京大学	法语	新昌中学
1995年	24	潘晓天	清华大学	材料系	知新中学
1996年	25	杨　煜	北京大学	行政管理学专科	新昌中学
	26	王国春	清华大学	生物科学与技术系（省理科第1名）	新昌中学
	27	王菊英	北京大学		澄潭中学

年 份	序 号	姓 名	学 校	专 业	毕业高中
1997年	28	陈海东	北京大学	广告学	新昌中学
	29	杨 凯	清华大学	电机工程与应用电子技术	新昌中学
	30	盛晓锋	北京大学	生物技术系	新昌中学
	31	陈少锋	清华大学	材料科学与工程学	新昌中学
1998年	32	吕 波	清华大学	核工程	新昌中学
	33	张朝林	清华大学	自动化（市理科第2名，省第14名）	新昌中学
	34	俞 彬	北京大学	化学（市理科第1名，省第7名）	新昌中学
1999年	35	王亮亮	清华大学	英语	新昌中学
	36	孙 欣	北京大学	应用化学	新昌中学
2000年	37	贝锋锋	清华大学	生物科学（市理科第1名，省第6名）	新昌中学
	38	俞 尧	清华大学	电子信息工程（市理科第3名，省第15名）	新昌中学
	39	陈聪翀	北京大学	临床医学	新昌中学
	40	石 磊	北京大学	金融学	新昌中学
2001年	41	徐文婕	北京大学	信息与计算机科学	新昌中学
	42	王益红	北京大学	环境科学	新昌中学
	43	俞 慧	北京大学	材料化学	新昌中学
	44	丁文煜	北京大学	药学	新昌中学
	45	任 川	清华大学	化学工程与工艺	新昌中学
	46	陈 云	清华大学		澄潭中学
2002年	47	周 怡	北京大学	经济学院金融学	新昌中学
	48	周铭英	北京大学	外语学院英语	新昌中学
	49	张恩君	北京大学	考古系	新昌中学
	50	吕炜枫	清华大学	汽车工程	新昌中学
	51	潘黄斌	清华大学	自动化	新昌中学
2003年	52	周永明	北京大学	化学学院	新昌中学
	53	冯 元	北京大学	化学学院	新昌中学
	54	丁 蒿	北京大学	计算机	新昌中学

年份	序号	姓名	学校	专业	毕业高中
2003年	55	叶赛尔	清华大学	计算机	新昌中学
	56	徐菁菁	清华大学	法学	新昌中学
2004年	57	陈　蔚	北京大学	环境科学	新昌中学
	58	陈冠华	北京大学	历史	新昌中学
	59	王贤波	北京大学	信息科学技术	新昌中学
	60	张子淳	北京大学	心理学	新昌中学
	61	何小伟	北京大学	信息管理与信息系统	新昌中学
	62	梁苍泱	北京大学	法学院（省文科第6名）	新昌中学
	63	俞力莎	北京大学	国际关系学院	新昌中学
	64	何珊珊	北京大学	外语学院	新昌中学
	65	柴山山	北京大学	英语	新昌中学
	66	许怡岚	北京大学	工商管理	新昌中学
	67	吴　津	北京大学	政府管理学院	新昌中学
	68	潘聪平	北京大学	新闻学院	新昌中学
2005年	69	王　祥	北京大学	经济学类	新昌中学
	70	杨文元	北京大学	英语	新昌中学
	71	吕唐杰	北京大学	数学类（市理科第1名）	新昌中学
	72	石　璞	北京大学	生物科学	新昌中学
	73	俞金辉	北京大学	电子信息科学类	新昌中学
	74	舒尚斌	北京大学	电子信息科学类	新昌中学
	75	吕志江	北京大学	环境科学类	新昌中学
	76	罗晶晶	北京大学	临床医学	新昌中学
	77	潘　曦	清华大学	建筑学（省理科第5名）	新昌中学
2006年	78	寿晨霖	北京大学	经济学类（省文科第7名）	新昌中学
	79	王田一	北京大学	社会学类	新昌中学
	80	汤培峰	北京大学	化学类材料	新昌中学
	81	吕　栋	清华大学	科学与工程	新昌中学
2007年	82	求芝蓉	北京大学	文科试验班类（省文科第1名）	新昌中学
	83	赵　倩	北京大学	数学类（省理科第1名）	新昌中学
	84	吕雨辰	北京大学	文科类	新昌中学

年份	序号	姓名	学校	专业	毕业高中
2007年	85	俞海萍	北京大学	文科类	新昌中学
	86	陈　杰	清华大学	土木工程	新昌中学
	87	何　昆	清华大学	临床医学	新昌中学
	88	罗天宇	清华大学	制造自动化与测控技术	新昌中学
	89	赵　煜	清华大学	材料科学与工程	新昌中学
2008年	90	傅程豪	北京大学	历史学类	新昌中学
	91	何鼎鼎	北京大学	国际政治	新昌中学
	92	石旦波	北京大学	法学	新昌中学
	93	黄佳丽	北京大学	文科试验班类（省文科第6名）	新昌中学
	94	胡啸尘	清华大学	社会科学试验班	新昌中学
2009年	95	吕昕洋	北京大学	工商管理	新昌中学
	96	石丹锋	北京大学	法学	新昌中学
	97	周璐蓉	北京大学	日语	新昌中学
	98	黄嘉怡	北京大学	数学	新昌中学
	99	陈昱嘉	清华大学	法学（省文科第1名）	新昌中学
	100	张　宇	清华大学	土木工程	新昌中学
	101	朱亚男	清华大学	临床医学	新昌中学
2010年	102	张勇梁	北京大学	工商管理	新昌中学
	103	吴梦斓	北京大学	理科实验班	新昌中学
	104	章晋源	清华大学	经济与金融	新昌中学
	105	俞思媛	清华大学	经济与金融	新昌中学
	106	王　妍	清华大学	新闻学	新昌中学
	107	石　鑫	清华大学	建筑学（市理科第1名）	新昌中学
	108	潘舒岚	清华大学	电子信息科学	新昌中学
	109	石梦晓	清华大学	土木工程	新昌中学
2011年	110	严汞曼	北京大学	工商管理类（绍兴市文科第2名）	新昌中学
	111	徐梦炜	北京大学	电子信息科学类	新昌中学
	112	丁凌霄	北京大学	地球与空间科学	新昌中学
	113	吴袁健	北京大学	电子信息科学类	新昌中学
	114	石严洲	北京大学	基础医学	新昌中学

年　份	序　号	姓　名	学　校	专　业	毕业高中
2011年	115	董一言	北京大学	基础医学	新昌中学
	116	杨　益	北京大学	药学	新昌中学
	117	王天扬	清华大学	经济与金融（绍兴市文科第1名）	新昌中学
2012年	118	俞　炳	北京大学	数学系	新昌中学
	119	陈启远	北京大学	中文系	新昌中学
	120	丁　昊	北京大学	电子信息类	新昌中学
	121	王秉诚	北京大学	物理学类	新昌中学
	122	徐嘉雨	北京大学	临床医学	新昌中学
	123	王存光	清华大学	药学	新昌中学
2013年	124	马金灵	北京大学	数学类（绍兴市理科第1名）	新昌中学
	125	梁淑淑	北京大学	经济学	新昌中学
	126	张毅良	北京大学	数学类	新昌中学
	127	吕炜康	北京大学	临床医学	新昌中学
	128	盛春辉	北京大学	口腔医学	新昌中学
	129	吕锦添	北京大学	药学	新昌中学
	130	王建威	北京大学	生物科学	新昌中学
	131	吕宇豪	北京大学	元培学院飞行员班	新昌中学
	132	丁　钰	清华大学	电子信息类	新昌中学
	133	徐志伟	清华大学	自动化	新昌中学
	134	王　毅	清华大学	英语系	新昌中学
2014年	135	石可可	北京大学	国际政治（省文科第2名，绍兴市文科第1名）	新昌中学
	136	周晨昊	北京大学	物理学类	新昌中学
	137	章宸月	北京大学	国际政治	新昌中学
	138	张华龙	北京大学	电子信息科学与技术	新昌中学
	139	张　琪	北京大学	基础医学	新昌中学
	140	梁钧鋆	北京大学	药学	新昌中学
	141	吕英杰	清华大学	物理学	新昌中学
	142	张亦弛	清华大学	土木工程	新昌中学
2015年	143	葛菁南	北京大学	工商管理类（绍兴市文科第1名）	新昌中学
	144	舒赵琦	北京大学	基础医学	新昌中学
	145	潘　一	北京大学	药学	新昌中学

年　份	序　号	姓　名	学　校	专　业	毕业高中
2015年	146	吕子涵	清华大学	新闻学	新昌中学
	147	石敏艺	清华大学	材料科学与工程	新昌中学
	148	梁子平	清华大学	电子信息类	新昌中学
2016年	149	毛　寅	北京大学	经济学类	新昌中学
	150	刘　畅	北京大学	生物科学	新昌中学
	151	王丽清	北京大学	药学	新昌中学
	152	马　尚	北京大学	英语	新昌中学
	153	朱子阳	清华大学	工商管理类	新昌中学
	154	刘　洋	清华大学	法学（省文科第3名，绍兴市文科第1名）	新昌中学
	155	吕苏憬	清华大学	新闻学	新昌中学
	156	王　珏	清华大学	法学	新昌中学
	157	王金洁	清华大学	建筑学	新昌中学
2017年	158	张　煜	北京大学	口腔医学	新昌中学
	159	何晨宇	清华大学	物理基础（省第90名）	新昌中学
	160	万颖捷	清华大学	工商管理	新昌中学
2018年	161	徐荣超	北京大学	理科试验班类（省第26名）	新昌中学
	162	陈　绚	北京大学	中国语言文学类（省第49名）	新昌中学
	163	王致远	北京大学	文博类	新昌中学
	164	杨佳炜	北京大学	环境科学与工程类	新昌中学
2019年	165	杨可欣	清华大学	通用基础组（省第90名）	新昌中学
	166	胡尘虹	清华大学	通用基础组	新昌中学
	167	任跃欧	清华大学	物理基础组	新昌中学
	168	梁景怡	清华大学	核工程与核技术	新昌中学
	169	王若川	北京大学	德语（省第68名）	新昌中学
	170	吕韪帆	北京大学	环境科学与工程类	新昌中学
	171	孙君瑶	北京大学	英语（医学英语）	新昌中学
2020年	172	黄　昊	北京大学	社会学	新昌中学
	173	王可为	北京大学	环境科学与工程类	新昌中学
	174	潘师夷	北京大学	德语	新昌中学
	175	金益楠	北京大学	英语	新昌中学

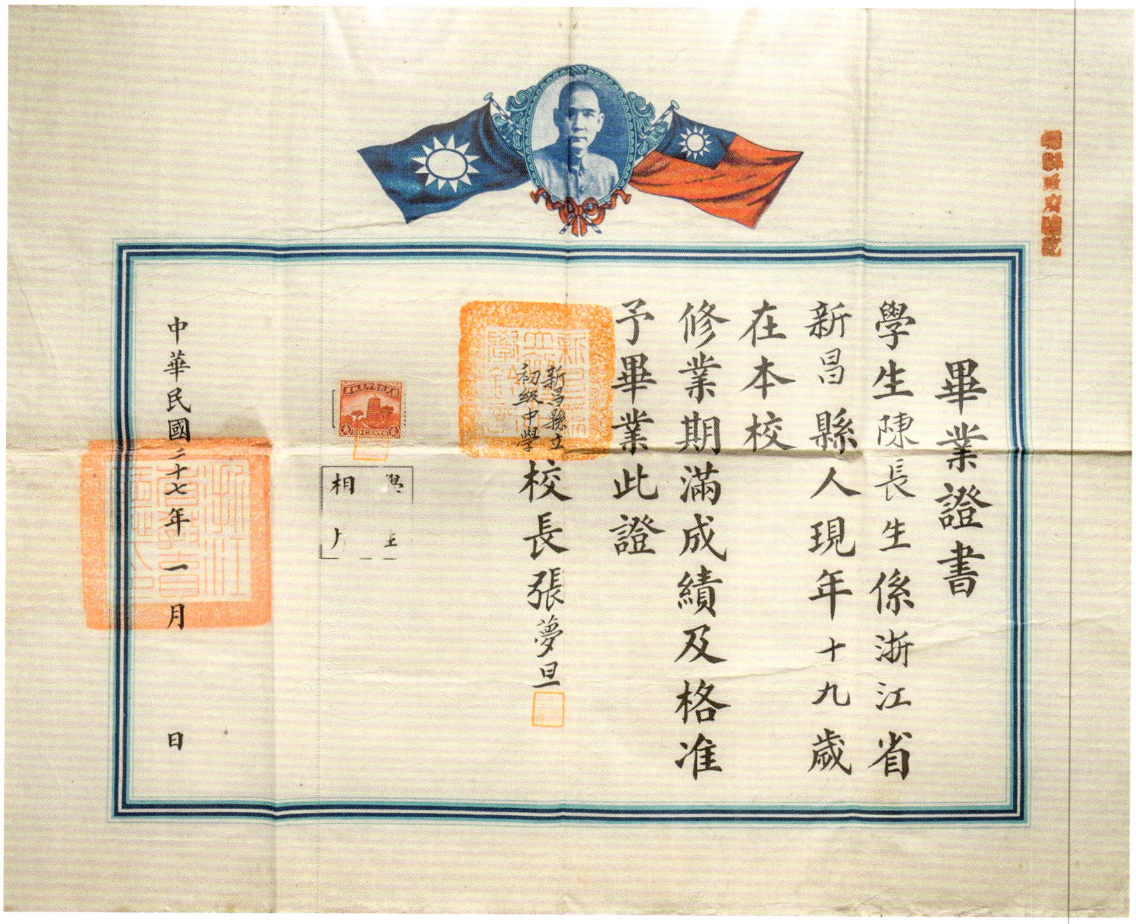
畢業證書
學生陳長生係浙江省
新昌縣人現年十九歲
在本校
修業期滿成績及格准
予畢業此證
新昌縣立初級中學 校長張夢旦
中華民國二十七年一月 日

民国二十七年（1938）陈长生新昌中学毕业证书

新昌吕氏小学校徽

新昌西山梅鹤乡中心国民学校校徽

新昌县立简师校徽

新昌陈氏小学校徽

新昌中学校徽

新昌中学校徽

鄉賢名士

乡贤名士

陆

两宋时期，书院勃兴，理学大倡，人才辈出，延及明代不衰。宋明两代，登进士第者不下通都大邑。以科举登仕宦者，大抵刚正不阿，清廉自守；以学问济世者，大抵杜门著述，身体力行，传学乡里。每遇世变，又多隐逸山林，以诗文相娱，待时而动。元及明末清初，其风尤盛。绍兴名士蔡元培诗作《咏绍兴八县诗》中“唯有新昌人物秀”，对新昌人才辈出褒奖有加。

德业
俞钦
明
进士兵部左侍郎
俞钦（1431—1484），字振恭，景泰二年进士，授礼部主事。成化初，任兵部郎中，参加征剿山都掌少数民族起义，以钦参谋建议，进兵拔二十余寨，斩获六千余人，升太常卿，累迁兵部左侍郎。成化二十年八月卒于任上，年五十四。有《思庵集》。
何鉴
明
进士太子太保兵部尚书
何鉴（1442—1522），字世光，号五山。明成化五年进士，官至刑部尚书、兵部尚书，加太子太保。历任多处地方高官，敢于直谏，雷厉风行，多有惠政及民，声望卓著，可称明朝中后期难得的中流砥柱股肱之臣。何鉴曾因父母丧事两次回乡，造福乡里凡十事。县人颂其德，称何十德，为之立祠，并录其生平事迹及诗作。《明史》有传。
俞振才
明
进士广西道御史巡按四川
俞振才（1412—1518），字仲才，号新斋。成化十一年进士。俞振才奉旨赴川陕颁诏，当地的亲王侯藩送以厚礼，俞拒不接受，当地百姓为其建「却金亭」以示纪念。后获罪擅权太监汪直，出任贵州、四川巡按，所到之处皆有惠政。俞振才清平廉洁，死在巡抚沧州的路上，连运回原籍安葬的费用也无着落。
潘晟
明
进士太子太保武英殿大学士
潘晟（1517—1589），字思明，号水濂。明嘉靖二十年榜眼，官至礼部尚书，加太子太保。丰仪玉立，颖异绝伦。为官清廉，整饬吏治，知人善用。性好施予，遇有年荒，开私仓济灾民，又为家乡建学堂，捐田百亩，深受百姓爱戴。颇善书法，被同代书画家徐渭推为东南独步。
德业
王爚
宋
进士少保观文殿大学士
王爚（1199—1275），字仲潜，一字伯晦，号修斋。南宋嘉定十三年进士，官至左丞相兼枢密使，南宋恭帝时期的著名宰相之一。王爚为人清修刚劲，被宋度宗尊为「师臣」的贾似道同天台葬母，途经新昌，独爚不见。贾似道督师溃败，王爚又劾贾似道误国丧师罪，贾似道遂被贬徙外地，四处遭人唾弃。著有《言子》。《宋史》有传。
梁贞
明
举人国子监祭酒
梁贞（1311—1380），字叔亨，号乾庵。元朝乡试举人，授太平路教授。端庄谨慎，深沉有识。朱元璋攻克太平，梁贞率乡绅儒士迎拜，请削减士兵以安生灵，得朱元璋赞许，留掌图书，与李善长同为谋士。洪武元年以本官兼国子祭酒。明洪武三年告老还乡，高启有诗送行，居鳌峰之下，平日与吕不用、杨温如等名士相唱和。
杨信民
明
举人佥都御史巡抚广东谥恭惠
杨信民（1390—1450），名诚，以字行。明永乐十八年进士，官至佥都御史，巡抚广东。正统十四年，广东黄萧养农民起义军围广州城，广东人居京者联名奏请杨信民处置其事。杨信民处理民变，有胆有识，处事有方，在百姓中赢得极高威望，可惜后来因暴疾卒于任上，功亏一篑，使当地百姓惨遭屠戮，令人扼腕叹息。《明史》有传。

德业
石公揆
石斗文
德业
石牧之
王梦龙
乡贤名士
两宋时期，书院勃兴，理学大倡，人才辈出，延及明代不衰。宋明两代，登进士第者不下通都大邑。以科举登仕宦者，大抵刚正不阿，清廉自守；以学问济世者，大抵杜门著述，身体力行，传学乡里。每遇世变，又多隐逸山林，以诗文相娱，待时而动。元及明末清初，其风尤盛。绍兴名士蔡元培诗作《咏绍兴八县诗》中「唯有新昌人物秀」，对新昌人才辈出褒奖有加。
展厅实景图

德 业

石牧之
宋　江东三贤宰之一

石牧之（1015—1093），字圣咨，庆历二年（1042）进士，试校书郎，皇祐五年（1053）任天台令，兴建学校，培育人才，卓有政声，与鄞令王安石、仙居令陈古灵合称“江东三贤宰”。官至朝议大夫，著有《永嘉唱和集》，又有《往生录》《易论解》《经训传》《杂文歌咏》等，今均佚。

石公弼
宋　进士兵部尚书文安开国侯

石公弼（1061—1115），字国佐，初名公辅，宋徽宗赐改。宋元祐六年（1091）进士，官至兵部尚书兼侍读。其刚直不阿，善断案，曾十劾奸相蔡京。以藏书闻名一时，史称他“书无一不有”，为著名的金石学家、收藏家、越州三大藏书家之一。著有《台省因话录》《柏台杂志》各一卷。《宋史》有传。

石公揆
宋　进士直龙图阁知抚州

石公揆（生卒年不详），字道佐，宋政和二年（1112）榜进士，官至侍御史。石公揆多次向宋高宗弹劾秦桧之奸，有十余章之多。绍兴八年（1138），秦桧再次为相，利用职权诬陷石公揆，把他长期关押在建昌监狱，最后死于狱中。

石斗文
宋　进士知武康军

石斗文（1129—1189），字天民，隆兴元年（1163）进士，任天台尉，迁临安府教授，与朱熹多有书信往来。丞相史浩对石斗文学问大加赞赏，向朝廷举荐，改任枢密院编修。他上书论朝政曰：“朝廷譬如万金之家，必严大门以司出入。”一时以为名言，故而又称“石大门”。后任扬州通判，迁至武冈军知县。晚号“缉斋”，潜心学问，没齿不渝。

王梦龙 宋　进士权户部侍郎会稽开国伯	王梦龙（1161—1241），字庆翔，号龟潭，王导二十二世孙。庆元元年（1195）进士，官至大理寺丞、监察御史、权户部侍郎。在任期间，救灾恤患，兴学重教，施惠政于民，深受百姓爱戴。淳祐元年（1241）因病辞官，同年十一月卒，特赐正议大夫，会稽开国伯。
王　爚 宋　进士少保观文殿大学士	王爚（1199—1275），字仲潜，一字伯晦，号修斋。南宋嘉定十三年（1220）进士，官至左丞相兼枢密使，南宋恭帝时期的著名宰相之一。王爚为人清修刚劲。被宋度宗尊为“师臣”的贾似道回天台葬母，途经新昌，独爚不见。贾似道督师溃败，王爚又劾贾似道误国丧师罪，贾似道遂被贬徙外地，四处遭人唾弃。著有《言子》。《宋史》有传。
梁　贞 明　举人国子监祭酒	梁贞（1311—1380），字叔亨，号乾庵。元朝乡试举人，授太平路教授。端庄谨慎，深沉有识，朱元璋攻克太平，梁贞率乡绅儒士迎拜，请削减士兵以安生灵，得朱元璋赞许，留掌图书，与李善长同为谋士。洪武元年（1368）以本官兼国子祭酒。明洪武三年（1370）告老还乡，高启有诗送行，居鳌峰之下，平日与吕不用、杨温如等名士相唱和。
杨信民 明　举人佥都御史巡抚广东 谥恭惠	杨信民（1390—1450），名诚，以字行。明永乐十八年（1420）进士，官至佥都御史、巡抚广东。正统十四年（1449），广东黄萧养农民起义军围广州城，广东人居京者联名奏请杨信民处置其事。杨信民处理民变，有胆有识，处事有方，在百姓中赢得极高威望，可惜后来因暴疾卒于任上，功亏一篑，使当地百姓惨遭屠戮，令人扼腕叹息。《明史》有传。

俞 钦

明 进士兵部左侍郎

俞钦（1431—1484），字振恭，景泰二年（1451）进士，授礼部主事。成化初，任兵部郎中，参加征剿山都掌少数民族起义，以钦参谋建议，进兵拔二十余寨，斩获六千余人，升太常卿，累迁兵部左侍郎。成化二十年（1484）八月卒于任上，年五十四。有《思庵集》。

俞振才

明 进士广西道御史巡按四川

俞振才（1442—1518），字仲才，号新斋。成化十一年（1475）进士。俞振才奉旨赴川陕颁诏，当地的亲王、侯藩向他送厚礼，俞拒不接受，当地百姓为其建“却金亭”以示纪念。后获罪擅权太监汪直，出任贵州、四川巡按，所到之处皆有惠政。俞振才清平廉洁，死在巡抚沧州的路上，连运回原籍安葬的费用也无着落。

何 鉴

明 进士太子太保兵部尚书

何鉴（1442—1521），字世光，号五山。明成化五年（1469）进士，官至刑部尚书、兵部尚书，加太子太保。历任多处地方高官，敢于直谏，雷厉风行，多有惠政及民，声望卓著，可称明朝中后期难得的中流砥柱、股肱之臣。何鉴曾因父母丧事两次回乡，造福乡里凡十事。县人颂其德，称“何十德”，为之立祠，并录其生平事迹及诗作。《明史》有传。

潘 晟

明 进士太子太保武英殿大学士

潘晟（1517—1589），字思明，号水濂。明嘉靖二十年（1541）榜眼，官至礼部尚书，加太子太保。丰仪玉立，颖异绝伦。为官清廉，整饬吏治，知人善用。性好施予，遇有年荒，开私仓济灾民，又为家乡建学堂，捐田百亩，深受百姓爱戴。善书法，被同代书画家徐渭推为“东南独步”。

吕继梗

明 举人漳州府通判吕

吕继梗（1541—1622），字思楙，号珍吾。万历乙酉（1585）举人。吕继梗任四川庆符知县时，正值饥荒，他组织赈灾，百姓得济，社会安宁。当时，朝廷下诏，征用木材。吕继梗以水流代替车马，降低运输费用，减轻百姓负担。后转任各处均有惠政，为民称颂。享年八十二岁，墓葬九都三山。有《风萍集》《宦游草》存世。

吕正音

清 进士江南徽宁道

吕正音（生卒年不详），字五正，号梦轩。顺治十二年（1655）进士。任山东昌乐县令才七个月，就因清廉勤政升任户曹主事。康熙五年（1666），奉命主广东乡试，颇有政声。迁刑部郎中，平反冤狱，有“得遇吕郎中，冤囚无死法”之颂。任满后，升江南徽宁道。数年间，民风大变，几无诉讼，特加朝议大夫。

忠 杰

董公健

宋 汝州团练使忠节

董公健（1056—1121），字自强。宋宣和庚子（1120）冬，方腊起兵桐庐，焚州县，掠户口，蔓延新昌。董公健领六个儿子及乡邻族众拥兵自保，因其刚正廉直，号令严明，人心畏服，屡战屡胜，斩方腊军士千余人，解救新昌百姓万余人，皆复其业。不用朝廷出兵而保全家乡，卒后赠武功大夫、汝州团练使。

陈非熊

宋 稽山书院长忠节

陈非熊（1216—1276），字思齐，号半峰。宋景定元年（1260）进士，授稽山书院山长，有气节。南宋末年元兵进逼绍兴城下，他集结义勇数千人固守越城，终因力不能支，被元兵破城。陈非熊子侄辈十余人皆被害，尸骨无收。成化《新昌县志》绘图像赞颂他的事迹。新昌族人建“忠节祠”于县城，知县刘廷蕙亲书“忠节祠”三字，祭祀陈非熊父子。

吴　观
宋　稽山书院长忠节

吴观（？—1276），字叔大。曾为稽山书院山长，与邑人陈非熊共同抵御元兵，被元人所获，不屈而壮烈就义。

董　曾
宋　授无为知州忠节

董曾（？—1363），字贯道，董旭之弟。通经史，善古文。元末兵乱，不求仕途，潜心学问，为先辈称许。方国珍割据统治时期，想以官职拉拢，董曾拒不接受，避居东阳山中。朱元璋驻军金华时，以礼相待，授无为知州。后遇陈友谅攻城，董曾被俘，宁死不屈，沉江而死。百姓立碑颂德，有诗集《天姥山赋》行世。

名　儒

石　塾
宋　进士太常主簿

石塾（1128—1182），字子重，号克斋。宋绍兴十五年（1145）进士，官至太常主簿、知南康军，公正廉明，为百姓所爱戴。石塾与朱熹交好，为朱熹所推崇。著作《中庸集解》经朱熹删定为《中庸辑略》，今存二卷，收入《四库全书》。明嘉靖间，绍兴知府洪珠重建鼓山书院，立石塾像，崇祀而表彰之。

黄　度
宋　进士礼部尚书焕章阁学士谥宣献

黄度（1138—1213），字文叔，号遂初。隆兴元年（1163）进士，官至礼部尚书兼侍读，敢于直谏。经史、天文、地理、兵法多有研究，为一代名儒，著述颇多，著作《书说》七卷收入《四库全书》。《宋史》有传。

俞　浙
宋　进士监察御史

俞浙（1215—1300），一名公浙，字季渊，号默翁。开庆元年（1259）进士。德祐间任监察御史，弹劾贾似道。后回乡隐居，闭门潜心向学三十年，著述甚丰。阐发理学，与石墪、黄度并为新昌理学名家。《宋元学案》有传。

石宗昭
宋　朝议大夫福建提刑赠紫金光禄大夫

石宗昭（生卒年不详），字应之，别号诚斋。乾道八年（1172）进士，官至侍从。初师从杨龟山，后与堂兄斗文同问学于朱熹、吕祖谦、陆九渊。志趣高远，学问渊博而低调谦和，人荐其贤。朱熹尝与论学，有《答石应之书》。

吕光洵
明　进士兵部尚书督抚云南

吕光洵（1508—1580），字信卿，号沃洲。嘉靖十一年（1532）进士，官至兵部尚书，在任期间讲学劝农，均田清税，善政毕举。归里后，勤于著述，与钱德兴、王畿、唐顺之等切磋学问，又置义田，睦亲族，乐施乡里。著有《元史正要》《皆山堂稿》《可园诗钞》等。

吕　抚
清　清朝江浙藏书家

吕抚（1671—1742），字安世，号逸亭。早年丧父，事母至孝。十五岁入县学，手不释卷，嗜书如命，与兄分家产，只选藏书。筑逸亭，藏书其中。吕抚著述颇丰，其《纲鉴通俗演义》（后人改名为《二十四史通俗演义》）越十寒暑而成，名噪一时，称“为史学界别开生面”。

孝友

石永寿

元　孝子

石永寿（生卒年不详）《明史》作石永。元末兵乱，他背着年逾八十的老父躲避山中。后听老父被乱兵捉住，要杀死。石永寿立即前去，要求放了老父，家财任取，只求以身代父。结果，乱兵果然放回其父而杀永寿于枫潭石崖之下，血浸红艳，名赤崖。这就是“赤崖身代”的故事，载入《明史》及《大明一统志》，永寿以孝子崇祀乡贤。

张观津

元　孝子赠刑科给事中（旧治作僧，今由省府志改正）

张观津（生卒年不详），字子用。元朝统治后，隐居不仕。父亲双目失明，勤谨奉养。元至正间，强盗作乱，百姓四散避难，骨肉不相顾。观津与侄子德邦各背其父，躲避鸬鹚山中。不料，遇上强盗，两人即叩头流血，请以身代父。这份孝心感动了强盗，两对父子遂得俱全。

胡　刚

明　孝子

胡刚（生卒年不详），谱名世刚，字秉常。明洪武初，其父因劳役时逃亡，当斩，胡刚奔走相救。时已临冬，过河无船，他涉冰水而过，向监刑官陈述冤情，恳请以身代父受刑。监刑官深感情切，同意奏本，遂父子赦免。与其父同时因逃亡判斩的八十二人也因此俱免，轰动一时。《明史》本传子延俸封为司空，后人建孝子祠祀胡刚。

义行

石待旦
宋　进士稽山书院长赠刑部尚书

石待旦（985—1042），字季平，世称石城先生。天禧三年（1019）进士。宋咸平二年（999），与父石文渥创石溪义塾，分上中下三区，亲自掌教。延请各方名师讲授，培养子弟，惠泽一方，为新昌最早之教育家。范仲淹任越州知州时，建稽山书院，聘石待旦任稽山书院山长，卒后祀于学宫。

盛　符
宋　兴学利民，善举甚多

盛符（1110—1195），字道亨，号节斋。绍兴十二年（1142）进士，历任宜兴县主薄、太常博士、天姥镇守备。丞相虞允文称其“老成谙练，宜大用”，遂拜光禄寺卿，后官至银青光禄大夫。淳熙十年（1183）以老病返籍，捐田产作学宫基址（今新昌中学旧址），并设东渡，凿义井，建桥梁，善举甚多。

陈　祖
宋　义士

陈祖（1142—1213），字惠卿。少丧父兄，善治家业，家资颇富。宋嘉泰三年（1203）创桂山西塾，经营十余年，建校舍数十间，以优厚待遇延请台越名儒方秉哲、王爚、诸葛兴等掌教，受业者来自天台、临海、义乌、东阳、剡川、山阴、诸暨等地，凡百余人，文科武选不绝。其他义举甚多。卒葬仙桂乡之东山。

陈　雷
宋　义士

陈雷（1199—1275），字震亨，陈祖从孙。宋绍定四年（1231）创桂山东塾，中有师友渊源堂，列二十斋，斋各有铭。由是来者数百人，朝夕讲习，切磋砥砺，科第连绵。又立义田、义役、义馆、义阡，建平粜仓、义济局，志载“凡义而可行者力行之而无倦”。德祐元年（1275）陈雷卒，生员七十六人吊，其文称：“新昌风俗，士厉节操，乡耻浮薄，皆义塾倡率作成。”

廉 介

甄 完
明 进士河南布政使

甄完（1392—1465），字克修，号复庵。明永乐十九年（1421）进士，授刑部主事，处理朱高煦叛乱案，并升任河南左布政使，任职二十年，扶颠持危，多有建树，为上为下，功烈昭炳。朝廷派六部到各省考察，甄完以政绩卓著而免考。甄完居官清廉，自奉俭朴，明景帝曾赐“清官第一”牌。

吕 献
明 进士南京兵部右侍郎

吕献（生卒年不详），字丕文，成化二十年（1484）进士，授刑科给事中，赐玉一品服，出使交趾，返回时，所赠金银全部谢绝，廉声大振。后升迁礼科给事中、顺天府尹、南京兵部右侍郎。向朝廷进言数十章，都切中时弊。因反对刘瑾索贿，十年不调，清廉自守，归乡后在居所悬挂“遗白堂”匾额。长于诗文，善草书。

吕 昌
明 进士陕西按察使

吕昌（1413—1471），字好隆。正统七年（1442）进士，授南京云南道监察御史，福建、江西、陕西等地按察佥事、副使、正使，清风直节，正气凛然。卒于任上，家中一无所有。世称廉吏，正德中推祀乡贤。

丁 川
明 进士佥都御史巡抚延绥

丁川（1431—1478），字大容。天顺八年（1464）进士，授监察御史，调顺天府丞、佥都御史、延绥巡抚。颇具才名，上疏言救荒、救灾、备边等事，言极切实。丁川不畏权贵，弹劾万贵妃干预外政，同僚肃然起敬。成化十四年（1478）卒，年四十八，家无余钱。由亲友同僚捐资归葬。

俞　集

明　进士河南道御史巡按徽宁池太

俞集（生卒年不详），字汝成。正德六年（1511）进士。正德八年（1513），授长洲县知县。在任期间，多惠政，深受百姓爱戴。为人耿介磊落，屡次弹劾权贵，朝廷肃然。生活简朴，食糙米蔬菜，压缩开支，不妄用费用。逝世后家无私藏，其风节可表于乡国。

陈　捷

清　进士翰林院编修

陈捷（生卒年不详），字颖侯，康熙十八年（1679）进士。康熙二十六年（1687）时，陈捷任河南正主考，当时有大学士深夜派人拉着黄金到陈捷住所，以求疏通。陈捷严厉拒绝，任对方百般恳求，都不为所动。陈捷精心披阅，每晚都到黎明时分才休息。发榜后，河南学识渊博者都榜上有名，所有墨卷送礼部，居全国之首。后以老辞归，年八十三卒。

梁葆仁

清　张之洞誉为“湖北第一好官”

梁葆仁（1844—1907），字承新，号西园。清光绪十二年（1886）进士，十六年（1890）以候补知县签发湖北，二十二年（1896）出任湖北天门知县，到二十八年（1902）卸任，在任十二年，勤政廉洁，革除弊政，造福百姓，被湖广总督张之洞誉为“湖北第一好官”。后因病回乡调养，离任之时，妇孺垂泪相送，犹盼回任。返籍后，凡亲族贫乏者，皆赈之，告诫诸子，以勤俭持家。

隐逸

潘　音
宋

潘音（1270—1355），字声甫，号待清。幼时好学，颇具文才。居家多年，闭门读书，交友论道，以圣贤之学自期。夏圭孙题其居曰“资深堂”，并为之记。后师从草庐吴澄。筑室南洲山中，自名“待清轩”，终生不仕，学者因称“待清先生”。潘音善诗文，著有《待清遗稿》二卷（入《四库全书·别集类存目》）、《读书语录》等。

吕不用
明　荐授本学训导

吕不用（1333—1394），初名必用，字则行。以才思敏捷著称。成年后，幡然悔悟：“吾家世宋臣，仕元非义也。”遂更名不用，字则耕。博涉经史，与金华宋濂、青田刘基唱和。明洪武初，率诸生整理儒家经典，亲为疏解，一时文风振起，翕然向化。

黄奇孙
宋　隐士

黄奇孙（生卒年不详），字行素，黄度曾孙。师从俞浙、石宗亨、韩性，精通经史。宋灭亡后，隐居不仕。有《蚓鸣集》《南明志》，又辑其祖《三朝言行录》。

附：书院小景

书院景观

书院空间，纵横有序，曲径通幽。天井相隔，回廊串联，移步换景，俯拾皆雅。

书院绿植，雅致简洁，匠心独具，寓意深厚。院中古柏，坚毅挺拔，凌然正气。墙边翠竹，虚心高节。庭植桂花，芳香四溢，又有蟾宫折桂之意。

书楼雅座1

书楼雅座2

临窗小景

书楼藏书

藏书楼·研学室

藏书楼，古称万卷堂，二层楼房，三面重檐，与中厅隔天井相望，别有一番诗情画意。

图书在版编目（CIP）数据

书声千载 ： 新昌鼓山书院历史文化陈列展特辑 / 张斯鸿编著. — 北京 ： 中国书店, 2022.8

ISBN 978-7-5149-3101-3

Ⅰ. ①书… Ⅱ. ①张… Ⅲ. ①历史文物—新昌县—图集 Ⅳ. ①K872.554.2

中国版本图书馆CIP数据核字(2022)第112768号

書聲千載

新昌鼓山书院历史文化陈列展特辑

张斯鸿 编著

责任编辑 刘 深

出版发行 中国书店
地　　址 北京市西城区琉璃厂东街115号
邮政编码 100050
制　　版 杭州品图文化艺术策划有限公司
印　　刷 浙江影天印业有限公司
艺术总监 邱君武
装帧设计 卢绍书
开　　本 787mm×1092mm 1/8
版　　次 2022年8月第1版 2022年8月第1次印刷
印　　张 20.5
字　　数 240千
书　　号 ISBN 978-7-5149-3101-3
定　　价 360.00元

（本书采用“品图印艺”技术）